含山轧蚕花

# 含山轧蚕花

### 总主编 金兴盛

浙江省非物质文化遗产代表作丛书

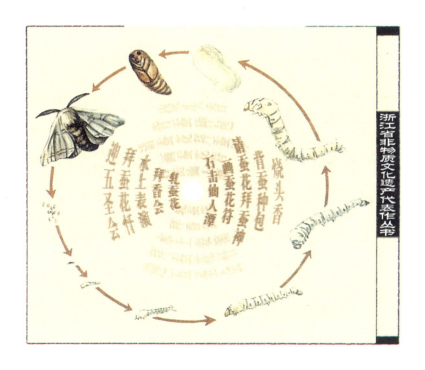

浙江摄影出版社

吴利民 张琳 主编

祝汉明 徐春雷 褚红斌 编著

# 总 序

中共浙江省省委书记
省人大常委会主任 夏宝龙

　　非物质文化遗产是人类历史文明的宝贵记忆，是民族精神文化的显著标识，也是人民群众非凡创造力的重要结晶。保护和传承好非物质文化遗产，对于建设中华民族共同的精神家园、继承和弘扬中华民族优秀传统文化、实现人类文明延续具有重要意义。

　　浙江作为华夏文明发祥地之一，人杰地灵，人文荟萃，创造了悠久璀璨的历史文化，既有珍贵的物质文化遗产，也有同样值得珍视的非物质文化遗产。她们博大精深，丰富多彩，形式多样，蔚为壮观，千百年来薪火相传，生生不息。这些非物质文化遗产是浙江源远流长的优秀历史文化的积淀，是浙江人民引以自豪的宝贵文化财富，彰显了浙江地域文化、精神内涵和道德传统，在中华优秀历史文明中熠熠生辉。

　　人民创造非物质文化遗产，非物质文化遗产属于人民。为传承我们的文化血脉，维护共有的精神家园，造福子孙后代，我们有责任进一步保护好、传承好、弘扬好非物质文化遗产。这不仅是一种文化自觉，是对人民文化创造者的尊重，更是我们必须担当和完成好的历史使命。对我省列入国家级非物质文化遗产保护名录的项目一项一册，编纂"浙江省非物质文化遗产代表作丛书"，就是履行保护传承使命的具体实践，功在当代，惠及后世，有利于群众了解过去，以史为鉴，对优秀传统文化更加自珍、自爱、自觉；有利于我们面向未来，砥砺勇气，以自强不息的精神，加快富民强省的步伐。

党的十七届六中全会指出，要建设优秀传统文化传承体系，维护民族文化基本元素，抓好非物质文化遗产保护传承，共同弘扬中华优秀传统文化，建设中华民族共有的精神家园。这为非物质文化遗产保护工作指明了方向。我们要按照"保护为主、抢救第一、合理利用、传承发展"的方针，继续推动浙江非物质文化遗产保护事业，与社会各方共同努力，传承好、弘扬好我省非物质文化遗产，为增强浙江文化软实力、推动浙江文化大发展大繁荣作出贡献！

（本序是夏宝龙同志任浙江省人民政府省长时所作）

# 前 言

浙江省文化厅厅长　金兴盛

　　国务院已先后公布了三批国家级非物质文化遗产名录，我省荣获"三连冠"。国家级非物质文化遗产项目，具有重要的历史、文化、科学价值，具有典型性和代表性，是我们民族文化的基因、民族智慧的象征、民族精神的结晶，是历史文化的活化石，也是人类文化创造力的历史见证和人类文化多样性的生动展现。

　　为了保护好我省这些珍贵的文化资源，充分展示其独特的魅力，激发全社会参与"非遗"保护的文化自觉，自2007年始，浙江省文化厅、浙江省财政厅联合组织编撰"浙江省非物质文化遗产代表作丛书"。这套以浙江的国家级非物质文化遗产名录项目为内容的大型丛书，为每个"国遗"项目单独设卷，进行生动而全面的介绍，分期分批编撰出版。这套丛书力求体现知识性、可读性和史料性，兼具学术性。通过这一形式，对我省"国遗"项目进行系统的整理和记录，进行普及和宣传；通过这套丛书，可以对我省入选"国遗"的项目有一个透彻的认识和全面的了解。做好优秀传统文化的宣传推广，为弘扬中华优秀传统文化贡献一份力量，这是我们编撰这套丛书的初衷。

地域的文化差异和历史发展进程中的文化变迁，造就了形形色色、别致多样的非物质文化遗产。譬如穿越时空的水乡社戏，流传不绝的绍剧，声声入情的畲族民歌，活灵活现的平阳木偶戏，奇雄慧黠的永康九狮图，淳朴天然的浦江麦秆剪贴，如玉温润的黄岩翻簧竹雕，情深意长的双林绫绢织造技艺，一唱三叹的四明南词，意境悠远的浙派古琴，唯美清扬的临海词调，轻舞飞扬的青田鱼灯，势如奔雷的余杭滚灯，风情浓郁的畲族三月三，岁月留痕的绍兴石桥营造技艺，等等，这些中华文化符号就在我们身边，可以感知，可以赞美，可以惊叹。这些令人叹为观止的丰厚的文化遗产，经历了漫长的岁月，承载着五千年的历史文明，逐渐沉淀成为中华民族的精神性格和气质中不可替代的文化传统，并且深深地融入中华民族的精神血脉之中，积淀并润泽着当代民众和子孙后代的精神家园。

岁月更迭，物换星移。非物质文化遗产的璀璨绚丽，并不意味着它们会永远存在下去。随着经济全球化趋势的加快，非物质文化遗产的生存环境不断受到威胁，许多非物质文化遗产已经斑驳和脆弱，假如这个传承链在某个环节中断，它们也将随风飘逝。尊重历史，珍爱先人的创造，保护好、继承好、弘扬好人民群众的天才创造，传承和发展祖国的优秀文化传统，在今天显得如此迫切，如此重要，如此有意义。

非物质文化遗产所蕴含着的特有的精神价值、思维方式和创造能力，以一种无形的方式承续着中华文化之魂。浙江共有国家级非物质文化遗产项目187项，成为我国非物质文化遗产体系中不可或缺的重要内容。第一批"国遗"44个项目已全部出书；此次编撰出版的第二批"国遗"85个项目，是对原有工作的一种延续，将于2014年初全部出版；我们已部署第三批"国遗"58个项目的编撰出版工作。这项堪称工程浩大的工作，是我省"非遗"保护事业不断向纵深推进的标识之一，也是我省全面推进"国遗"项目保护的重要举措。出版这套丛书，是延续浙江历史人文脉络、推进文化强省建设的需要，也是建设社会主义核心价值体系的需要。

在浙江省委、省政府的高度重视下，我省坚持依法保护和科学保护，长远规划、分步实施，点面结合、讲求实效。以国家级项目保护为重点，以濒危项目保护为优先，以代表性传承人保护为核心，以文化传承发展为目标，采取有力措施，使非物质文化遗产在全社会得到确认、尊重和弘扬。由政府主导的这项宏伟事业，特别需要社会各界的携手参与，尤其需要学术理论界的关心与指导，上下同心，各方协力，共同担负起保护"非遗"的崇高责任。我省"非遗"事业蓬勃开展，呈现出一派兴旺的景象。

"非遗"事业已十年。十年追梦，十年变化，我们从一点一滴做起，一步一个脚印地前行。我省在不断推进"非遗"保护的进程中，守护着历史的光辉。未来十年"非遗"前行路，我们将坚守历史和时代赋予我们的光荣而艰巨的使命，再坚持，再努力，为促进"两富"现代化浙江建设，建设文化强省，续写中华文明的灿烂篇章作出积极贡献！

2013年11月20日

目录

# 蚕桑历史渊源

中国是世界上最早栽桑、养蚕、缫丝和织绸的国家，蚕桑业历史悠久、源远流长。杭嘉湖地区是著名的蚕桑之乡、丝绸之府。

烧头香

背蚕种包

请蚕花拜蚕神

画蚕花符

# 蚕桑历史渊源

## [壹]蚕桑的起源

　　中国是世界上最早栽桑、养蚕、缫丝和织绸的国家，是中国人最早将野生的桑和蚕培育成对人类有用的宝贝，进而在此基础上又生产出了色彩斑斓的丝绸。中国古代"丝绸之路"的开辟，为人类文明的发展作出了不可磨灭的贡献。蚕桑丝绸生产，在中国五千年文明史中占有极其重要的位置。它是中华民族的骄傲。

先蚕图

　　中国的蚕桑丝绸业，究竟源于何时何地呢？对于这个问题，一直来存有多种说法。一种说法："蜀之先，名蚕丛，教民蚕桑。"（西汉扬雄《蜀王本纪》）。说是古代四川先民有一任蜀王名"蚕丛"的，最早教民众从事蚕桑生产。另一说法："伏羲化蚕桑为丝帛。"（南宋罗泌《路史》)认为是中华民族的始祖伏羲驯化和培育了蚕桑,发明了丝绸纺织技术。还有一种说法:"西陵氏之女嫘祖为帝元妃,始教民育蚕、治丝茧以供衣服……后人祀为先蚕。"(北宋刘恕《通鉴外记》)认为古代黄帝的妻子嫘祖是育蚕缫丝业的创始人。

以上几种说法,均将蚕桑丝绸的起源归功于某一个人。其实,要将野桑培育成家桑,将野蚕驯养成家蚕,又取其所结之蚕茧缫成丝,并用这些丝织成绢绸,这一项综合复杂的生产技艺的诞生,需要很多人长期反复地实验之后,才能获得成功,绝非某个人一时所能完成的。故上述种种说法,仅仅是古代传下来的推源神话,缺乏科学依据。最有说服力的应该是近现代考古工作者经过发掘所提供的有关物证。

1926年,考古工作者在发掘山西夏县西阴村新石器时代遗址时,发现了经过人工刈裂的半个蚕茧。在该地段同时还发现了跟纺织有关的石制纺轮、纺锤等。西阴村遗址早于仰韶文化时期。虽然尚不能断定这半个蚕茧是经过驯养的家蚕所结,但至少说明早在五六千年以前,我国已经有人开始利用蚕茧取丝了。

1973年和1977年,浙江余姚河姆渡原始社会遗址的两次发掘中,先后发现了骨制打纬机刀、织梭、木制绞纱棒、打纬刀、陶制纺轮等纺织工具,以及外壁刻有蚕纹图案的骨盅。这些出土文物告诉我们,早在六七千年前,河姆渡人可能也已发现蚕丝在原始编织方面的功用了。

1953年，在河南安阳的殷墟墓葬中，出土了一条3.15厘米长的扁圆形的白色玉蚕。早在三千年以前，人们把玉蚕作为陪葬品埋在墓中，这说明那时的蚕宝宝在人们生活中占有多么重要的位置。

1973年，河北藁城台西村殷商遗址发掘时，在出土的青铜器上发现粘有丝织物痕迹。可见早在三千年以前已有丝绸织物存在。

以上几处古遗址的发掘，虽然可以说明早在数千年以前，我们的祖先已经开始注重蚕儿并利用蚕茧取丝进行丝绸编织。但这些蚕儿和所用来抽丝的蚕茧，究竟是生长在野外的野蚕及其所结蚕茧呢，还是经过驯养过的家蚕及其所结蚕茧呢? 均不得而知。

1958年，浙江省文物管理委员会和浙江博物馆，在湖州城南7公里处的钱山漾东岸发掘良渚文化遗址时，在乙区第四层获得不少绸片、丝线和丝带。经科学测定，这些地下文物属新石器时代晚期，时间约为公元前2750±100年，距今约4700余年。这些出土的丝织品，表面细致、光洁，丝缕平整。经上海纺织科学研究院和浙江丝绸工学院做截面切片鉴定，这些丝绸织品为家蚕丝所织成。由此可见，杭嘉湖地区的先民，早在4700年以前，就已经在驯养家蚕，并利用家蚕丝来织造绢绸之类的织品了。

长期以来，人们总以为我国的蚕桑丝绸业起源于北方的黄河流域，以后才传播到全国各地乃至海外。但是从近现代地下发掘到的有

罗家角遗址（钟春甫摄）

关文物（特别是湖州钱山漾出土的文物）证明，除了北方黄河流域以外，南方长江流域的杭嘉湖地区，也是中国蚕桑丝绸业的起源地之一。而桐乡正位于杭州、嘉兴、湖州三地交接地带，其蚕桑丝绸历史源远流长。另外，1979年冬，浙江省文物考古所在桐乡石门镇利星村罗家角发掘新石器时代遗址过程中，曾于其第三层（属马家浜文化）发现有桑属花粉。这也可以作为这一地域古代种桑养蚕的旁证。

## [贰]蚕桑之乡的形成

人们通常将杭嘉湖地区誉称为"蚕桑之乡"、"丝绸之府"。然而，这一美称并非天生自成，它有一个形成和发展的过程。

　　所谓蚕桑之乡、丝绸之府的称呼，并不是随随便便叫出来的，它是在蚕桑丝绸业发展到相当规模之后自然形成的。从前面所列举的有关出土文物可见，虽然余姚河姆渡人，早在六七千年前已经发现利用蚕丝进行原始编织；虽然嘉兴马家浜人早在五六千年前已经懂得栽桑养蚕；虽然湖州钱山漾人早在4700年前已经能够编织出水平较高的绸片和丝带。但是，作为整个杭嘉湖地区蚕桑丝绸生产来说，当时还仅仅处于一个萌芽状态。况且，由于自然或其他种种原因，自马家浜文化、良渚文化之后，在较长的一段时间内，太湖流域（杭嘉湖地区）的文明进程比较迟缓，落后于北方黄河流域的华夏文明。所以，有关学者一般都认为，早期我国蚕桑丝绸生产中心在北方黄河流域，要到魏晋之后，这个中心才开始从北方向南方长江流域转移。正如清乾隆《湖州府志》所称："蚕事如《禹贡》、《豳风》所陈，多在青、兖、岐、雍之境，后世渐盛于江南。"所谓青、兖、岐、雍之境，系指古代北方山东、河南、河北等地的部分区域。

　　那么，杭嘉湖地区的蚕桑丝绸业发展，又走过了怎样的历程呢？据有关史料记载，这一区域的蚕桑丝绸业发展，从六朝起步，经唐、宋、元奠基，到明、清乃至民国初期，逐渐达到鼎盛时期。而作为杭嘉湖地区桐乡的蚕桑丝绸业，也正是在这样的大背景下不断发展的。早在三国时代，桐乡地域处吴禾兴县（今嘉兴境域）。据清光绪《乌程县志》人物篇记载，三国时代，有一位名曹不兴的大画家，

"曾运五十尺绢画一像。"一次，吴王孙权叫他画屏风，不慎误落一墨点在绢上。他变拙为巧，将墨点染画成苍蝇，而孙权竟误"以为生蝇，举手弹之"，引为趣谈。我们姑且不论这段趣事的真伪，但有一点是可以肯定的，那就是早在三国时代，乌程地区（今湖州双林及桐乡乌镇地域），已经在生产可以用来作画的丝绢了。而丝绢的编织是建立在蚕桑生产的基础之上的。说明当时这一区域蚕桑丝绸业的发展，已经崭露头角。而据方志记载，三国吴赤乌三年（240年）孙权下令："当农桑之时以役事扰民者，举正以问。"是时，"煮海为盐，采山铸钱，国赋再熟之稻，乡贡八蚕之锦"。可见当时官府对蚕桑生产是何等重视。

西晋末年，战乱频频，导致了中国历史上第一次经济文化南移的潮流。这便促使了江南包括桐乡在内的杭嘉湖地区蚕桑丝绸生产的发展。据梁代《吴朝清集》及《吴兴记》记载，当时嘉湖平原地区，田塘之边普遍栽种桑树，肥桑遍野，"袅袅陌上桑，荫陌复垂塘"。乌程（今湖州双林及桐乡乌镇地域）东南三十里甚至出现了大面积成丘桑林。

到了唐代，包括桐乡地域在内的杭嘉湖地区，蚕桑丝绸业有了广泛的发展。据《新唐书》等史籍记载，当时，这一地区所生产的丝、绵、花绸、锦绸、鹅眼绫、吴绫等丝和丝绸织品，均列为江南东道上贡的贡品。特别是乌程县所出产的"鹅眼绫"，在唐武德四年

（621年）所进贡品中，尤被看重。唐天宝年间，安史乱起，北方中原地域混乱不堪，而江南杭嘉湖地区则比较安定。这便导致了第二次经济文化南移的潮流，又一次促使江南杭嘉湖地区蚕桑丝绸业的提升。据史书记载，唐大历二年（767年），浙江东道节度使，曾招募军中未婚者，给予财物，让其去北方"聚织妇以归，岁得数百人"。由于引进了一批织造能手，从而促进了本地织造技术的提高，使杭嘉湖地区的丝绸产品名声日升。那时，这一地区所产吴绫、花绸等，广为官府宫廷达官贵人所喜爱。其中乌程所产"鹅眼绫"更成了名贵的御服面料。而在桐乡地域乌镇乡间，用被蚕蛾咬破口的"蛾口茧"制绵打线织成黄色绸绢（古称流黄），为自己的家人缝制衣裳，则成了当时女子的一项重要家务事。出生于武康的唐朝诗人孟郊在《湖妇吟》中写道：

> 蛾口不作丝，作绵还打线。
>
> 左手擎绵叉，右手芦锤旋。
>
> 缕转如妾心，一日几千遍。
>
> 妾家乌镇住，十五学流黄。
>
> 千梭与万筘，织成胜七襄。
>
> 机中留一匹，为郎作衣裳。

诗中所描述的，正是当时乌镇乡间蚕妇用不能缫丝的"蛾口茧"来剥绵兜、打绵线、织绢绸的情景。

唐代末年，北方战乱导致了五代十国的割据。而属于吴越国的杭嘉湖地区，当时则相对比较安定。偏安一隅的吴越王钱镠，审时度势，注重民生。他说："世方喋血以事干戈，我且闭关而修蚕织。"他组织民众修堰治河，重视农桑，使这一地区出现了"年年无水旱之忧，岁岁有农桑之乐"的兴旺景象，为杭嘉湖地区形成"蚕桑之乡、丝绸之府"打下了牢固的基础。

宋代以后，随着外患的不断侵扰，北方战事频繁，黄河流域的蚕桑丝绸业开始萎缩，而江南吴越地区则相对比较安稳。靖康之变，北宋灭亡。随着宋室南迁，北方大批官商平民，纷纷涌入浙江，而杭嘉湖这片富庶安定的土地，则成了他们南迁定居的首选之地。北方大批官民的南迁，既为我们这里带来了北方蚕桑丝绸生产的宝贵经验，也为这里的丝绸产品市场拓展创造了条件。更重要的是南宋王朝的主要捐税收入也仰仗于丝绸贡赋，这就为包括桐乡在内的杭嘉湖地区蚕桑丝绸生产发展，提供了一个良好的机遇。

桐乡濮院蚕桑丝绸业的崛起就是一个很好的例证。濮院旧称"幽湖"、"梅泾"，在宋建炎（1127—1130年）以前仅系一不出名的草市。自宋室南迁之后，著作郎濮凤以驸马都尉扈驾临安（今杭州），后卜居于梧桐乡之幽湖（濮院）。濮凤是山东曲阜县亲贤人。他定居濮院之后，给桐乡地域带来了北方先进的蚕桑丝织技术。据史

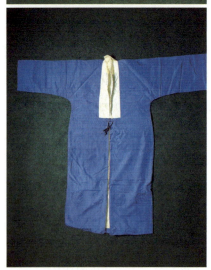

濮绸衣裳（桐乡市非遗中心提供）

料记载，鲁桑嫁接技术就是由他传授到嘉湖地区的。此后，濮氏子孙不断拓展蚕桑丝绸业，至淳熙（1174—1189年）以后，"濮氏经营蚕织，轻纨素锦，日工日盛，濮院之名，遂达天下"（《濮川志略》卷一）。当时濮院所产的丝绸产品，织工精致，质地细滑，以"濮绸"之称闻名于世。正如古诗人万斯同在竹枝词《濮院绸》中所赞："独喜村村蚕事修，一村妇女几家休，织成广幅生丝绢，还数嘉禾濮院绸。"

南宋时期，包括桐乡在内的嘉湖地域，成了朝廷征收绢帛的重点地区。据《宋会要稿·食货》记载，绍兴三十一年（1161年），湖州岁额身丁绸、绢80016匹多，至庆元年间（1195年）六县（乌程、武康、归安、安吉、德清、长兴）夏税绢、绸达86500余匹，绵28900余两。另据淳祐《语溪志》记载，崇德（今桐乡崇福地区）在南宋时期以织狭幅丝织物出名，其所产"克丝"也是朝廷征收品种之一。由此可见，那时嘉湖地区蚕桑丝绸业的地位就已经突显出来。

宋元相代期间，嘉湖地域虽然遭受战火侵扰，但战事平定元朝建立之后，朝廷推行"以农桑为本"之策，这一地域的蚕桑丝绸业仍保持着发展优势。朝廷诏颁了《农桑辑要》，老百姓对蚕桑丝织业更为重视。人们为了提高蚕丝的质量，对煮蚕、缲丝所用之水均要进行选择，纷纷就近寻找好的水源。乌程金盖山麓白云泉"十里内蚕丝，俱汲此煮之，辄光白"（光绪《乌程县志》）。此时，桐乡濮院也从一个小小草市，发展为丝绸商贸旺盛的"永乐市"。濮氏家族根据丝绸贸易的兴起，在镇上设立四大"牙行"（进行买卖交易的商行，含叶行、丝行、陆陈行、绸行）。这种商行的设立，大大方便了桑叶及丝绸商品的流通，进一步促进了蚕桑丝绸业的发展。

到明代，朝廷曾三次下诏令劝课农桑。洪武二十七年（1394年）令"多种桑树，每一户初年种桑二百株，次年四百株，三年六百株"（《明会典·农桑》）。在嘉湖一带形成了"各乡桑拓成荫，蚕织广获；今穷乡僻壤，无地不桑，季春孟夏，无人不蚕，男妇夜夜勤苦，始获茧缘告成"（明谢肇淛《西吴枝乘》）之势。

　　不仅栽桑的面积不断扩大，养蚕的农户迅速增加，缫丝、织绸的技艺也日趋完善。当时，包括桐乡在内的嘉湖地区所产之蚕丝俗称白丝，其质地在全国也是位居前列。明万历时陈全之在《蓬窗日录·寰宇》中对全国白丝的评价是："归安为最，次德清，其次嘉之桐乡、崇德，杭之仁和（今杭州市），而山东、河南又次之。"而当时桐乡濮院所产之濮绸，由于一种比较先进的织机——纱绸机，代替了原来的土机，其产量、质量均上了一个台阶。据《濮川志略》记载，纱绸机问世之后，使丝织品"制造绝工，濮绸之名遂著远近。"正如清代诗人卢存心在《嘉禾杂咏》中所称："宋锦人传出秀州，清歌无复用缠头；如今花样新翻出，海内争夸濮院绸。"

　　到了清代，杭嘉湖地区蚕桑丝绸业继续发展。清顺治十五年（1658年），出生桐乡炉头的农学家张履祥在其《补农书》上卷引用了《沈氏农书》中有关当地农家蚕桑丝织的情形。书中写道："男耕女织，农家本务。况在本地，家家织纴；其有手段出众、夙夜赶趁者，不可料酌。其常规：妇人二名，每年织绢一百二十匹……"每户农家都缫丝织绸，通常全年要织120匹。可见当时桐乡地域农村蚕桑丝织业的发展规模。

　　康熙年间，朝廷推行"重农不抑商"的策略，在纺织业领域取消了从前机户"不得逾百张"织机的限制，从而进一步促进了蚕桑丝织业的发展。当时崇德县（今属桐乡）的桑地占总地面积的比例，已从明代万历九年（1581年）的12.46%，提高到康熙年间的41.42%。乾隆十六年六月，弘历（乾隆皇帝）首次南巡从嘉兴至石门，在《舟过嘉兴》诗中写道："徐牵锦缆过嘉禾，隐隐时闻欸乃歌……夹岸桑林数十里，果然蚕事此邦多。"

此后，濮院的丝绸业也进入了全盛时期。"四乡皆闻机杼之声"，"万家烟火，民多织作绸绢为生。"据《东畲杂记》记载："机户自镇及乡北至陡门，东至泰石桥，南至清泰桥，西至永新港，皆务于织。货物益多，市利益旺，所谓'日出万绸'，盖不止也！"当时全镇（含四乡）织机总数达万台以上，经销濮绸的丝绸商行大户就有40多家。其产品除销往北京、南京、苏州、杭州国内各地之外，还远销印度、日本及南洋等地。由于濮绸"向称陈丝熟净，组织工致，质细而滑，柔韧耐久，可经浣濯"，跟当时的杭纺、湖绉、菱缎合称江南四大名绸。万台织机，日出万绸，其蚕桑丝绸之繁荣可见一斑。正如清代濮院诗人沈涛在《幽湖百咏》中所称：

> 绸市原称永乐乡，万家烟火尽机坊；
>
> 自从番使通商后，日下镳来百万装。

桐乡的蚕桑丝绸业是随着整个杭嘉湖地区蚕桑丝绸业的发展而成长起来的。它起步于唐代，奠基于宋元，明清时代进入鼎盛时期，从而逐渐树立起了蚕桑之乡、丝绸之邦的形象。

石击仙人潭

轧蚕花

拜香会

水上表演

拜蚕花忏

迎五圣会

# 含山轧蚕花

轧蚕花民俗活动源于对蚕神的信仰，通过上含山烧头香、请蚕花、背蚕种包及祭拜等一系列敬神仪式，祈求蚕神保佑养蚕取得好收成。

烧头香

背蚕种包

请蚕花拜蚕神

画蚕花符

# 含山轧蚕花

## [壹]含山地理人文概况

含山位于浙江北部,地处今桐乡市、德清县、湖州市郊区(南浔区)交界处。山高六七十米,南北长约五百多米,东西宽约三百余米。浙江素有"七山二水一分田"的说法,但高山大多分布在钱塘江以南地域。浙北属水乡平原地带,山峰很少。在这宽广的水乡平原之中,怎么会冒出一座孤零零的小山包呢?民间传闻,很早以前,如来佛从西天来东海游览。他到杭州西湖,见沿湖四周绿树成荫,繁花似锦,真是人间天堂,决定在此给自己建一座行宫。但又觉得美中不足,西湖只有水没有山。他马上传旨,命四大金刚到别处去搬些山来。限他们在一天之内,要搬来一百座山峰,放在西湖四周。四大金刚奔波了将近一天,总算搬来九十七座山,还少三座。大金刚再次腾云四处寻找,突然发现太湖之畔有三座小山包。他立即来到太湖边上,将两座稍大一点的山分别放在两边肩上,还有一个小山包就含在嘴里,就把三座山搬到桐乡、吴兴、海宁上空时,感到实在是筋疲力尽,就把含在嘴里的小山吐了出来,扛在肩上的两座山也东一座西一座放在两旁,准备歇口气再走。可搬山中途是不能歇的,三座山一落地，就立脚生根，再也搬不动了。那三座小山，其中一座落在桐乡吴兴交界处。因为是用嘴含来的，所以就叫含山。另外两座一东一西放在海宁，就是硖石的东山和西山。

这仅仅是民间传说，不可作证。含山名称的来历，恐怕还数明万历《崇德县志》所记的有道理。县志称："含山一名涵山……旧志云：山介两州故名含，又四水涵之故名涵。"因为这座山介于两州（旧时的嘉兴府和湖州府）中间，故称含山。还因为山周边有四条河港包涵着，故又名涵山。这四条河港，据当地民众介绍，就是：东边的长秀河，西边的含山塘，南边的念佛桥港，北边的朱塘港。

现在我们在浙江省地图上看到的含山，位于浙北桐乡市、德清县、湖州市郊（南浔区）的交界处，其地名标定在湖州市域东南边沿。可是，早在四百年前，我们从明万历三十九年（1611年）《崇德县志》所载《崇德县境图》上看到的却是另一景象。那时的含山地名，标定在崇德县西北面的石门乡十九都境内。地图边上还注有"西至德清县界，西北至归安县界……"字样。而就在这部志书的"山川篇"中还作了如下记述："含山一名涵山，在县西北三十六里。山上有寺，寺前有七级浮屠，远可望吴兴马鞍、大雷、小雷诸山。外有龙潭，五河泾水出其下。"到了清代光绪年间，《石门县志》（清康熙元年为避太宗"崇德"年号之讳，改崇德县为石门县）的"山川篇"中仍记载着："含山在县西北三十六里，东南界石门乡，西北界归安太一

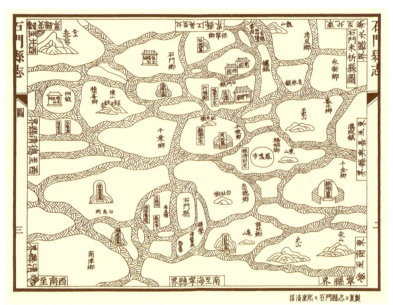

古崇德县境图（方之提供）

（元）乡，高四十八丈五尺，周二百二十四亩九分。山前有净慈院，唐乾符间建，上有盛丰寺，明景泰间重建。东有沧晓阁、歇波亭，湖海伟观诸胜。"

从明清两朝县志记载可见，古代含山实属嘉兴府崇德县。其具体位置在距崇德县城（今桐乡市崇福镇）西北方向三十六里处。它的东南接连嘉兴府石门（崇德）县的石门乡，西北毗连湖州府归安县的太一乡。当时山高四十八丈五尺，约合一百五十余米（好像比现在高），占地二百多亩。山上建有七级实心宝塔和一些寺院亭阁。

　　宝塔和寺院的建造时间县志上没有记载。但据明成化十六年（1480年）立石的《重建含山净慈院塔记》碑文记述，早在唐乾符三年（876年），沈从昭在山上舍地建起含山院，后名净慈禅院。至宋代元祐中（1090年前后），有德清新市人姚明鼎在山巅建起宝塔。随着时间的推移，山上的寺院宝塔坍塌损坏严重，需要重新修建。明宣德八年（1433年），"邑人蔡普成以神宇颓废，尽力募捐……修建五显神宇于塔基之后"。明正统六年（1441年）"崇德县十九都陆净智赞襄其事，材料记工，建塔七级"。可见，明代初期，在含山寺院塔宇的扩建和修筑过程中，归安县的蔡普成和崇德县石门乡的陆净智均作出过重要贡献。修桥铺路、建寺筑塔，这是古人热心宗教慈善事业的善举。之后，在周边民众的支持下，含山上的寺庙殿阁修筑建造规模不断扩大。据民间记忆流传，清末民国初期，山上山下的各种殿阁建筑，连同厨房、客房等附属设施，有数百间之多。计有一塔、三阁、九神殿。一塔：含山塔。三阁：大悲阁（亦称观音阁）、斗姆阁、沧晓阁。九殿：三清殿、玉皇殿、纯阳殿、祖始殿、灵官殿（亦称金刚殿）、地藏殿、马鸣殿、太均殿、财神殿。

　　殿阁中所供神佛十分广泛。既有道教信奉的三清主神（玉清元始天尊、上清太上道君、太清太上老君）、玉皇大帝、吕纯阳、斗姆（北斗众星之母）、王灵官；又有佛教信奉的如来佛、南海观音、四大天王（俗称四大金刚）、地藏王菩萨；还有老百姓崇信的各种民间

含山马鸣殿（闻欣提供）

神灵：蚕神马鸣王，生育神太均娘娘，财神赵公明，文神文昌帝君，武神关圣帝君等等，真可谓"山小名声大，庙简神佛多"。

含山所处地理位置比较特殊，自然景观亦很优美。含山古处浙北两府（嘉兴府和湖州府）、三县（崇德县、归安县、德清县）交界之地。山下绿水倚绕，山上丛林密布，山间亭台楼阁散筑，其景美不胜收。

民间传称有八大景观：含山塔、仙人潭、仙人路、青龙井、卧虎石、凤首亭、含山泉、洗心亭。旧志称含山有"四水涵之"。在环山的四水之中，要数西边倚山而过的含山塘最为开阔。它是京杭大运河的重要支流，舟船往来不断。从这里南下可达杭州，北上可抵姑苏。山居杭、嘉、湖、苏之间，位处古吴疆越界，地势得天独厚。正如清代诗人杜森在《登含山》诗中所言："两州孤屿倚潺湲，高望长空碧暮田；波撼三吴通壤地，风连七邑薄云天。"

含山塔是含山的第一景观。塔高三十八米，直径六米，共有七层。整个塔形像一支巨大的毛笔，直插云天。在含山西北方向十里处有个善琏镇。这里的居民大多会制毛笔，自古以来，这里一直是毛笔制造中心，素有"笔都"之称。相传，含山塔就是为纪念秦将蒙恬在善琏造笔而建的，故此塔又有"笔塔"之称。

含山塔（余仁提供）

含山泉位于含山脚下。据《光绪石门县志》记载："含山泉，邝志在山麓下，瀹然以清，绝似安平、白沙诸水，虽旱涝不盈涸。"此泉水曾为文人墨客用以烹茗待客之佳品。清康熙二年（1663年）春天，明末清初思想家吕留良约了志同道合的黄宗羲、高旦中，前去拜访家住含山脚下石门乡西锦村的好友董雨舟。董雨舟就是用这含山泉的泉水烹茶来招待这几位贵宾的。他们聚会乡间，叙旧论道，品茗吟诗，为含山平添了几分雅韵。

　　既然早在数百年前的明代，含山即属崇德县的石门乡（今桐乡市河山镇），并绘入"崇德县境图"之内，为什么后来却划入湖州吴兴所辖地域呢？据小文《含山旧影及蚕事》（载于2008年5月16日《嘉兴日报》）称，1950年8月，因为国家所制定的山区与平原的有关政策存在差异，当时的主事者为了省事，在区域调整时，经省政府批准，就把桐乡辖区内原有的两座山（屠甸的殳山，河山的含山）分别划给了海宁和吴兴，从而使桐乡（崇德）成了标标准准的平原之县。当然，这仅仅是初断，有待进一步查证。其实，这含山不管是划在湖州市（南浔区），还是划在桐乡市（河山镇），它一直都是两市乃至周边各地广大民众所共有的，不是吗？从古到今，山上的不少寺院塔殿，都是两府三县（崇德、德清、归安）的一些民众捐资修建的。而每年清明节期间，来含山参加传统轧蚕花民俗活动的蚕农，更是大多来自崇德（桐乡）、德清、湖州各地。

## [贰]轧蚕花与蚕神信仰

　　常言道："天下名山属僧尼。"一直以来，各地大山名山大多成了和尚道士建寺筑院、宣扬佛经道法的地方。含山虽然不是什么大山名山，但也先后建起不少寺院殿阁，供奉着各路佛祖神仙。过去吴越地区的老百姓，虽然崇信神灵，但大多是实用主义、各取所需：想求安康吉祥的就奉南海观音；想求早生贵子的即拜太均娘娘。由于我们这里农村是传统的蚕桑之乡，家家栽桑，户户养蚕，人们最期盼的就是年年蚕花廿四分。蚕好一切都好。而要蚕好，就必须求蚕神保佑。所以，含山上的蚕神马鸣王就成了周边四面八方蚕农敬仰信奉的主要神灵。

说到中国的蚕神信仰，源远流长。根据文献记载，最早可追溯到处于奴隶社会的殷代。从河南安阳殷墟遗址发掘的甲骨文"卜辞"中可获证。古人祭神有占卜的习俗，每次占卜都要将占卜的情况用象形文字刻记在占卜所用的龟甲或兽骨片上，这便是甲骨文"卜辞"。其中有一段"卜辞"这样记载："贞元示五牛，蚕示三牛。十三月。"卜辞中的"蚕示"代表蚕神。这段"卜辞"的大意是说，十三月的一次占卜，祭元示上甲神用了五头牛，祭蚕神用了三头牛。可见当时祭蚕神的仪式还是相当隆重的。但是，所祭祀的蚕神是谁却并未指明。以后，到了周秦王朝，虽然沿袭继续祭祀蚕神，但所祭蚕神仍然没有名称。直至汉代才出现了蚕神的具体名字。据晋代卫宏在《汉旧仪》中释道："春桑生而皇后视亲桑于菀中。蚕室养蚕千簿以上。祠以中牢羊豕，今祭蚕神曰菀窳妇人、寓氏公主，凡二神。"这是古代文献中最早提到两位蚕神名字的记载。

将菀窳妇人和寓氏公主奉为蚕神的说法一直沿至魏晋未改。但到南北朝北齐北周时代，蚕神却忽然变成了黄帝的妻子嫘祖了。据《隋书·礼仪志》记载："后周制，皇后乘翠辂、率三妃……至蚕所，以一太牢亲祭，进殿先蚕西陵氏（嫘祖）神。"从此之后，直至唐、宋、元、明、清各朝，人们都一直将嫘祖视为蚕神并加以奉祭。清代，在浙江杭嘉湖一带的地方志中，均有比较具体的记载。清康熙二十七年（1688年）张园真所纂《乌青文献》载道："正月十五日，村落间束薪木末，扬以绯帛，祭蚕神嫘祖、马头娘。"

　　由上可见，直至清代，嘉湖的乌青镇一带官方支持奉敬的蚕神主要仍为嫘祖。但民间老百姓所信奉祭祀的蚕神名目就多了。有马鸣王（马头娘）、蚕王天子、蚕花太子、蚕花五圣、三姑等等。而在桐乡农村，蚕农一直所信奉的蚕神，主要为马鸣王，亦称马头娘，俗称蚕花娘娘。清《光绪桐乡县志》风俗篇载："谷雨前三四日始护种收蚕（谚云谷雨两边蚕），十五日祀蚕神马鸣王菩萨，像作妇饰而乘

蚕王天子

三姑图

马，即古之马头娘也。"含山马鸣殿中所供奉的马鸣王菩萨，就是一位头戴凤冠、身穿霞帔骑在马上的女子。

这位蚕神马鸣王是从哪里来的呢？为什么还骑着马呢？桐乡民间流传着一则《白马化蚕》的故事，讲的就是马鸣王的来历。现全文抄录于下：

很久很久以前，杭嘉湖水乡有一家姓陈的大户人家。夫妻二人，生有三个女儿：大女瑞仙，二女凤仙，三女翠仙。大女、二女早已出嫁，身边只留小女一人。翠仙爱马，喂养着一匹白马。

陈家既管田又做生意，拥有万贯家财，人称陈百万。有一年，陈百万带着账房先生前去婺州收账。当时婺州一带正逢战乱，他债款没有收到，自己却被番兵掳走。妻子刘氏得知这一消息后，吃不下饭，睡不着觉，胆颤心惊，忧心如焚，整天点烛燃香，求神保佑。她对神灵发誓：如果谁能救回我的丈夫，愿将小女翠仙许配与他。

刘氏的话正巧被她家马棚里的白马听到了。白马挣断缰绳，跳出马棚，长嘶三声，直向婺州方向奔去。几天之后，白马果然将陈百万救了回来。

刘氏见丈夫得救回来，心里有说不出的高兴，立即准备精细饲料，酬谢白马。可是，白马就是不肯进食，老是伸长脖子嘶叫，后来竟开口说话了："夫人，你曾经说过，如果谁能救回老爷，你就将女儿许配与谁，现在为何不守誓言？"

刘氏一听，不知如何是好：不答应它吧，有失誓言；答应它吧，人怎能跟马成亲？她将此事告诉了丈夫。陈百万说："我堂堂员外之家，怎能将亲生女儿嫁给一个牲畜。这事如果传扬出去，定被他人耻笑。"他和刘氏商量之后，瞒着女儿，用毒箭将白马射死，并剥下马皮，晾晒院中。

这天，翠仙来到院中游玩，见到晾在竹竿上的马皮，知道自己心爱的白马已遭杀害。她心里非常难过，走过去抚摸着马皮，流下了留恋的眼泪。说来奇怪，这时，突然刮起一阵旋风，风掀马皮，直向翠仙卷来。马皮紧紧裹住姑娘，立即腾空而起，随风飞向云天。等陈百万和刘氏赶到院中，女儿早已不见踪影。

几天之后，陈百万和刘氏在村外一株桑树上找到了女儿。只见她已经变成一条浑身雪白的虫，身子很小，头也变成马的模样，正在一扭一扭地吃桑叶。两人一看当场昏倒在地。

马鸣王

从此，我们这一带就有了蚕。后来，天上玉皇大帝敕封翠仙姑娘为蚕神马鸣王菩萨。也有人叫她"蚕花娘娘"。每年养蚕的时候，人们都要拜请马鸣王，求其保佑蚕花廿四分。

（徐春雷搜集整理　原载《蚕乡的传说》）

所谓蚕神，实际上是古人在无法控制养蚕生产的条件下，幻想出来的一个能帮助自己取得养蚕好收成的保护神。桐乡地域所流传的《白马化蚕》故事，其实早在晋代干宝所作《搜神记》"女化蚕"条中已有出现。为便于比较、研究，现将《女化蚕》抄录于后：

旧说，太古之时，有大人远征，家无余人，唯有一女。牡马一匹，女亲养之。穷居幽处，思念其父，乃戏马曰："尔能为我迎得父还，吾将嫁汝。"马既承此言，乃绝缰而去，径至父所。父见马惊喜，因取而乘之。马望所自来，悲鸣不已。父曰："此马无事如此，我家得无有故乎？"亟乘以归。

为畜生有非常之情，故厚加刍养。马不肯食。每见女出入，辄喜怒奋击，如此非一。父怪之，密以问女。女具以告父，必为是故。父曰："勿言，恐辱家门，且莫出入。"于是伏弩射杀之，暴皮于庭。

父行，女与邻女于皮所戏，以足蹴之，曰："汝是畜生，而欲取人为妇耶？招此屠剥，如何自苦？"言未及竟，马皮蹶然而起，卷女以行。邻女惧怕，不敢救之，走告其父。父还，求索，已出失之。

后经数日，得于大树枝间，女及马皮，尽化为蚕而绩于树上。

其茧纶理厚大，异于常茧。邻妇取而养之，其收数倍。因名其树曰"桑"。桑者，丧也。由斯百姓竞种之，今世所养是也。言桑蚕者，是古蚕之余类也。

案《天官》，辰为马星。《蚕书》曰："月当大火，则浴其种。"是蚕与马同气也。《周礼》教人职掌"禁原蚕者"。注云："物莫能两大，禁原蚕者，为其伤马也。"汉礼，皇后亲采桑，祀蚕神，曰："菀窳妇人、寓氏公主。"公主者，女之尊称也；菀窳妇人，先蚕者也。故今世或谓蚕为女儿者，是古之遗言也。

（选自《搜神记》卷十四，中华书局1979年版）

从上文中可见，《女化蚕》故事发生之地点并未确定，而《白马化蚕》故事发生地点却在杭嘉湖水乡。这可能是杭嘉湖蚕乡人们，在传播这则故事时，为了增加可信度而设定的。

关于蚕神马鸣王，含山周边农村还有另一种说法。相传，有一年春天，观音菩萨派了蚕花娘娘马鸣王，到含山附近农村来察访，为蚕农消灾降福。这一天正好是清明日。蚕花娘娘脚踩祥云来到含山上空。她见山上香烟缭绕，祷声阵阵。众多善男信女，纷纷插烛燃香，跪在马鸣王神殿前，求其保佑蚕花茂盛。蚕花娘娘见后善心大发，就变成一个卖花的姑娘，挽着一篮五颜六色的蚕花，在山上山下叫卖。她决心将自己的喜气通过一朵朵蚕花带给每户蚕农。大家见这位姑娘长得天仙般漂亮，所卖花儿又那么美丽，于是都挤挤轧轧争着向她买花。后来花卖光了，姑娘也突然不见了。大家将买来的这些蚕花带回家中，插在蚕房里。这一年，凡是插过蚕花的人家，蚕茧都获得了十分好的收成。大家都说，这是蚕花娘娘显灵降福。从此，每年清明节，含山四周农村的蚕农，都要赶来含山，盼能沾上蚕花娘娘的喜气。于是就传下了清明含山轧蚕花的习俗。

这则传说，将蚕神直接跟含山联系起来了，这便更增加了人们对蚕神的信仰度。

### [叁]轧蚕花民俗活动

蚕农对蚕神马鸣王的信仰与崇拜，其目的就是祈求蚕神保佑自己养蚕能取得好收成，年年蚕花廿四分。但是，马鸣王是神仙，处于虚幻之中，作为蚕农怎样才能跟她交流，从而获得她的保佑呢？只有去庙中，通过对其神像进行祭拜的形式来实现。于是就产生了含山轧蚕花的习俗。

含山轧蚕花习俗究竟起于何时，尚未查到可靠记载。目前只能从古代一些文人墨客游含山留下的诗文中寻找端倪。据有关资料记载，唐代著名诗人韦应物四世孙韦庄曾到过含山，并留下《含山店梦觉》诗一首："曾是流离惯别家，等闲挥袂各天涯。灯前一觉江南梦，惆怅起来山月斜。"这是目前所见到的最早的含山记游诗。从诗句内容分析，诗人只是面对含山夜景，触景生情地抒发了自己流离颠沛他乡的伤感之情，并未涉及含山有关蚕事的民俗活动。明代石门诗人沈宏曾作《游含山》诗一首："览胜招携上碧岑，更凭虚阁散幽襟；步凌七级开香界，话彻三生见佛心。晴日倚栏天目近，春风拂袖翠微深；游朋借拟东山兴，对酒清歌有白云。"诗中也未言及含山蚕俗。明代，含山的记游诗还有不少，但大多为"孤峰涵碧插青天，一带斜阳小径前。"（明·凌丛龙《含山夕照》）和"宝阁传经香馥馥，浮图登览意重重。"（明·嵇长年《游净慈寺》）等描绘含山景象及寺庙佛事的内容。直到清乾隆年间，乌程人沈焯（乾隆丙寅年中举，后中进士）所作《清明游含山》诗中，才见到有关含山清明蚕事民俗活动的描述。诗中写道：

> 群山西蟠不复东，此峰特起崔荇中。
>
> 长流襟带远帆出，一塔笔卓撑晴空。
>
> 吾乡清明俨成案，士女竞游山塘畔。
>
> 谁家好儿学哨船，旌旗忽闪恣轻快。
>
> 我时乘兴登其巅，青黄四望皆平田。
>
> 花明柳暗杳难辨，胸中气象但万千。
>
> 上有古寺依翠岭，三忙一过人迹冷。
>
> 林鸟时传空谷声，松风不扫石坛影。

诗中记述了清明日周边男男女女争逐着去含山西边的山塘港畔，观看水上各种船只表演的情形。其中特别引起诗人注意的是："谁家好儿学哨船，旌旗忽闪恣轻快。"所谓"哨船"，就是"寒食节，乡村以农船架四橹，上设彩亭旗帜，列各种器械，互较技勇诸艺，谓之'哨船'"（光绪《乌程县志》），也就是平时人们俗称的"打拳船"。

而石门县诗人倪大宗（清乾隆丙子副贡生）所作《清明竹枝词》："东港新装两桨船，西村帮办彩旗鲜；脱衣卖弄腰身好，明日含山赛打拳。"则生动地描绘了当地蚕农，为于清明日去含山参加拳船表演所作的事前准备。

从目前所见涉及含山的历代诗文推测，含山清明节有关蚕事的民俗活动，最迟可能出现在清乾隆年间（有人说出现在唐代，证据不足），距今约200多年。这跟当时朝廷的政策不无关系。清初，因战乱蚕业略衰，至康熙乾隆之后，由于推行了"重农而不抑商"的政策，嘉湖地域的蚕桑业又兴旺起来。1751年乾隆首次南巡舟过嘉兴、石门地域时，就曾留下这样的诗句："油花香入青葱町，毛芒新浮澹沱波。夹岸桑林数十里，果然蚕事此邦多。"

官府重视蚕桑业，蚕农当然更期盼蚕花廿四分。为祈求蚕神保佑蚕花茂盛，人们利用春蚕饲养前夕的闲暇时间，于春光明媚的清明时节，登上含山祭拜蚕神马鸣王，参与各种民俗游艺活动，娱神娱人，这便是清明含山轧蚕花民俗活动兴起的原因。当然，初起的祭蚕神轧蚕花民俗活动，仅限于清明起始的两三天时间。桐乡农村人们习惯将清明节称作"忙日"，第一天称"头忙日"，第二天称"二

忙日"，第三天称"三忙日"。沈焯诗云："上有古寺依翠岭，三忙一过
人迹冷。"过了"三忙日"之后，轧蚕花民俗活动便冷落了。

随着时间的推移，后来轧蚕花民俗活动影响日益扩大。据桐乡
市河山镇（古崇德县石门乡）王家弄村（原含山脚下花埠、王家弄、
山下村三村合并而成）李继顺（85岁）、沈叙金（80岁）、周涧清（80
岁）、王宝林（79岁）等老人回忆，早在他们的父辈时期（清末民国
初期），含山轧蚕花民俗活动已十分闹猛。其中有一年活动时间自清
明日起，长达十三天之久，参与人数达数万之众。人群来自崇德、桐
乡、德清、吴兴等各个地方。甚至嘉兴新塍、江苏吴江、杭州余杭以
及苏州等地，也有人摇船前来，其中大多是蚕农。之后，除了抗战时
期日军占领含山，以及"文革"动乱期间一度停止活动之外，其余时
间差不多年年闹猛，经久不衰，直至现在。

那么，旧时的含山轧蚕花民俗活动都有哪些内容呢？

轧蚕花民俗活动的内容丰富多彩，主要包括两个方面：一是敬
神活动，二是娱神活动。

敬神娱神活动共有如下十项：

（一）**烧头香**。据王家弄村倪家坝蚕娘倪阿大（64岁）告诉笔
者，她曾听长辈说过，旧时清明节这天，含山周边蚕农为祈求蚕神马
鸣王保佑自家蚕花茂盛，村上的养蚕女子，相约七八人，起早聚集一
起上含山向蚕神敬香。去得越早表示越有诚意，于是大家争着头一

马鸣殿前烧香（陆劲松摄）

个赶到，俗称"烧头香"。烧香人带着香烛抢先来到马鸣王殿前，燃香点烛，虔诚礼拜。拜过之后，拔两支燃烧过的蜡烛带回家中，插在蚕房内。此烛为奉敬过蚕神的蜡烛，俗称"蚕花蜡烛"。相传，用蚕花蜡烛照明养蚕，定能取得蚕茧丰收。

（二）**背蚕种包**。为了祈求蚕神更直接的保佑，有些蚕农（大多为男子）于清明这天清晨，将自己家中保存的蚕种用包袱包好，背在身上去山上祭拜蚕神，俗称"背蚕种包"。所谓蚕种，就是能孵化出小蚕的蚕卵。旧时，蚕种都是蚕农用自己饲养的蚕儿，待其结茧、变蛹、生蛾，最后选择若干对健康的雄雌蚕蛾促其交配，将卵产在一张8开大小的纸上，这便是"蚕种"。因为此蚕种为蚕农自己独制，俗称"土种"。随着社会的进步，后来运用科学方法配制蚕种，人称

"洋种"。茅盾在《春蚕》中就曾写道，老通宝家养了四张土种，三张洋种。蚕种是养蚕的根本。蚕农们觉得，如果将蚕种背到蚕神面前，直接接受蚕神的洗礼，定能取得蚕茧丰收。所以，有些蚕农，就在清明节这天用一块红色的绵绸包袱包上蚕种，斜背在身上，带着香烛，起早赶上含山，敬拜蚕神。拜后必须在太阳出来之前赶回家中。为什么必须在太阳出来之前赶回呢？因为蚕种若逢稍高一点的温度，就要提前孵出小蚕。而提前孵出小蚕因无桑叶可吃，将颗粒无收。

河山镇山下村王家浜老蚕农王宝林（79岁）告诉笔者，他父亲王荣山，新中国建立前，为了祈求蚕神保佑蚕茧丰收，曾用红色拷花包袱，包了两张土蚕种上含山拜敬蚕神马鸣王。他家离含山约三四里路。他天不亮即斜背着蚕种包带着香烛上山。到达半山腰之后，折一枝已开的桃花，放入蚕种包内继续前进。为什么要放桃花呢？一是为了辟邪，二是借用桃花喻示蚕花好。带了蚕种和蚕花，来到马鸣王殿前，燃烛点香顶礼膜拜，拜后即刻下山回府，将受过蚕神洗礼的蚕种和蚕花带回家中，预示将来养蚕一定能取得蚕花廿四分的收成。

（三）**请蚕花拜蚕神**。蚕神供于含山之上马鸣殿内。马鸣殿位于含山塔西边，殿宽三间，中间供着马鸣王木雕神像。马鸣王为女子形象，身高一米五十左右，头戴凤冠，身着霞帔，身后立一白马。据老蚕农王宝林告诉笔者,他曾听他父亲王荣山说过,抗战以前,蚕农上山祭拜蚕神,大都先在山上折一枝桃花,然后再去祭拜蚕神。抗战之后,可能山上的桃树遭毁,后来就改用色纸做成的纸花,俗称"蚕花",一直沿用至今。这蚕花用五颜六色的纸(如今改用绢绸)做成。每朵花直径约五六公分,花瓣、花蕊、花丝俱全。有单朵的,也有两朵、三朵或四朵组成一束的。花边伸出两张绿色叶子,叶上还粘有一条乳白色的蚕宝宝(海绵制成),这便是有别于普通纸花绢花的"蚕花"。这蚕花相传是蚕神马鸣王恩赐给蚕农的礼物。它能给蚕农带来蚕花喜气,保佑蚕茧丰收。所以,自古以来,蚕乡人所称的"蚕花",它并非指具体植物的花,而是象征蚕茧丰收的喻意之花。

买蚕花(徐春雷摄)

后来吴兴石淙一带的蚕农，专门制作蚕花于清明节期间来含山出售，现在已形成一种产业。

所谓"请蚕花"，就是人们在祭拜蚕神之前，总要在神殿前或山上买一束蚕花去祭拜马鸣王，然后将花带回家中。有的要买12朵或24朵，象征蚕花十二分、廿四分，讨个好彩头。而且不能说"买"，得说"请"，表示对蚕神所赐之花的恭敬。蚕花带到家里以后，放在灶头上或家堂前供上一供，然后和蚕种一起收藏起来，待谷雨前后开始孵化春蚕时，再取出来插在蚕室内，预祝今年蚕花廿四分。

因为这蚕花象征着蚕茧丰收，所以清明节期间，凡是上含山的蚕农，不管是男是女是老是少，都乐意请上一束秀美的蚕花，或别在身上，或戴在头上，或拿在手上。持着这束蚕花，在山上敬神烧香、观景游玩，上上下下，挤挤轧轧，这"轧蚕花"的名称即由此而生。

**（四）画蚕花符**。蚕农上山祭拜过蚕神之后，除了请上几束蚕花之外，还得在神殿上请那里的道人（驻庙的道士）画几道蚕花符。所谓蚕花符，就是山上道人专门为蚕农绘写的符箓。符箓绘书在一张四五十厘米长、十几厘米宽的黄纸上。黄纸上端用毛笔书有"敕"与"令"上下联在一起的一个字。意即这是天上玉皇大帝下达的命令。中间盖一方朱印。下面由好几个字组成一幅组字图。这字写得很潦草，好像过去当铺里的"当字"，一般人是不认识的。因此一般人也不知道它的含意。我曾问过河山镇王家弄村的一位老道士，他说，这副符图由"姜正身修心"五字组成。姜代表姜太公,"正身修心"表示姜太公可用他修得的道去消灾辟邪。蚕农花钱从道人那里请来几道蚕花符,带回家中,贴在蚕房里或贴在大门上。据说,贴上这道符之后,妖魔鬼怪就不能进蚕房施放瘟毒,将来蚕宝宝就不会得病。其实蚕病是病

拜蚕神(余仁摄)

菌或病毒引起的,一道蚕符怎能阻止?如今,人们懂得科学养蚕,这种迷信的陋俗已逐渐消失。

(五)石击仙人潭。在含山后山宝塔北面山脚边,原有一个面积达数亩的水潭。潭水泓泓,深不见底。冬春之交,潭上雾气腾腾,好似人间仙境。人们就称它为"仙人潭"。潭的上方山壁上有一块大石头。蚕农们从马鸣殿祭拜过蚕神之后,往往要来到这块大石头边上,捡起一块小石子,向下面的仙人潭中扔去。据说,谁能将石子扔至池潭中心,仙人就会保佑谁家养出龙蚕(想象中的大蚕)。有首民

谣是这样唱的：

　　　　　击中仙人潭，回家养龙蚕；

　　　　　蚕花廿四分，谢谢活神仙。

　　石击仙人潭之后，有些蚕妇还会下山来到潭边，用仙人潭中的水洗抹眼睛。据说，用仙人潭中的水洗过眼睛，将来看蚕时，就会眼明目亮，不出差错。

　　**（六）轧蚕花。**前面说过，清明节期间，蚕农们上含山祭拜过蚕神之后，请一束蚕花，在山上轧来轧去，热闹一番，这便是"轧蚕花"的原意。但是后来不知何时，却出现了一种陋俗：有些游人（特别是年轻男子），在轧来轧去的过程中，有时就利用混乱的机会，伸手去

轧蚕花（陆劲松摄）

摸年轻女子的乳房，俗称"摸蚕花奶"。过去还流传这样一种说法：在含山上被摸过乳房的女子，将来养蚕一定很兴发。俗称："摸发摸发，越摸越发。""轧发轧发，越轧越发。"据说，过去甚至有些女子有意轧到人群中间，让人抓摸乳房，以求将来养蚕兴发。从此，含山轧蚕花民俗活动，又多了一种含意。人们一讲起轧蚕花，就联想到摸乳房的事。其实这是一种陋俗。它是青年男女借用轧蚕花民俗活动进行调情的一种庸俗举动。这种陋俗，随着时代演进早已被废弃。

**（七）拜香会。** 前面所列举的清明含山轧蚕花民俗事象，如烧头香、背蚕种包、请蚕花拜蚕神、画蚕花符、石击仙人潭、轧蚕花等，这些大多为蚕农的个体活动。而拜香会则是含山轧蚕花民俗活动中的集体行为。

拜香会队伍来自含山周边桐乡、德清、吴兴等各地农村。他们一般以"庙界"范围内的村坊为主组成。所谓"庙界"，即当地一座寺庙（一般为土地庙）所辖的区域范围，据说，这是按明初都图行政区划所定。这个庙界内一些村坊的蚕农，在有威望长者的牵头下，通过集体协商，组成一支拜香会队伍，于清明节期间，赶赴含山集体祭拜蚕神马鸣王，娱神娱人，俗称"拜香会"。

距离含山较远村坊来的拜香会队伍，大多坐船而来。船有栈头船（有盖篷）和赤膊船（无盖篷）两种，此称"拜香船"。来者大多为妇女（蚕娘）。待拜香船到山下停定，她们便带着线香、蜡烛，请些

烧香船（徐春雷摄）

蚕花，成群结队上山直奔马鸣殿祭拜蚕神。然后将蚕花戴在头上或别在身上，再去其他神殿礼拜，或到山下观看各种娱神节目。中餐大多为自备粽子、团子或甜麦塌饼。下午带着蚕神所赐蚕花喜气趁原船返回。

距离含山较近村坊的拜香会规模要比远地的大得多。他们由当地"庙界"范围内的数个村坊组成。各个村坊都准备了自己拿手的迎会节目。分工排练，集中出游，内容丰富，精彩纷呈。出会时往往要将当地寺庙中所供神像请出来一起出村上山游祭。据河山镇王家弄村老蚕农沈叙金（80岁）、周润清（80岁）告诉笔者，1946年清明节期间，他们村组织的那次拜香会，参加人员多达数百之众。其队伍组合依次如下：

1、旗牌队：队伍前头有五面旗帜领行，最前面是一面较大的标志旗。此旗为黄绸制成，三角形，下方有锯齿形镶边，上面有飘带，旗上绣有出会村坊的名称。四面彩色方旗紧随三角旗之后。接着是四块书有"肃静"、"回避"字样的硬牌。硬牌上方均绘有虎头图像，俨然是高官出巡的架势。

2、锣鼓队：此队由六人组成。他们分别掌操大锣、小锣、堂鼓、铜钹等乐器。边行走边敲奏，一为渲染气氛，二为后面的神轿鸣锣开道。

3、神轿队：所谓神轿队，就是抬神像的队伍。当时山下村的庙中供有总管、关帝和蚕花五圣（当地供奉的蚕神）等木雕神像。迎会时，他们将这些神像（五圣只出一圣）分别安放在一张大型木椅（俗称神轿）上，每座神轿由四人抬着出会。神轿前后均有凉伞、旗幡扈行，很是威风。

4、拜香凳队：这是拜香会中一支重要队伍，它由12至16位十几岁的孩童组成。他们身穿红（女）绿（男）绸衫绸裤，头扎红绿绸带，脚登绣球花鞋。每人手捧一只长方形的红漆小香凳。香凳凳面装有一座木制小宝塔。香凳前端插有香烛。手捧香凳的孩童，分列两行。行进时，在后面乐队的伴奏下，还要不时演唱民歌《十支香烛》：

一支香烛一帖经，两根灯草结同心，
火红蜡烛两边插，拜香凳上放光明。

二支香烛敬观音，二月十九降生辰，
大慈大悲发善心，救苦救难渡众生。

三支香烛敬关公，五月十三降生辰，
忠孝节义传千古，上天敕封圣帝君。

四支香烛四方明，娘亲含辛将我生，
十月怀胎备辛苦，佛前礼拜报娘恩。

五支香烛敬马鸣，腊月十二正凌晨，
一身白肉化龙蚕，玉帝敕封为蚕神。

六支香烛四月天，蚕娘收蚁敬蚕神，
贴肉窝种不离身，孵出乌娘万万千。

七支香烛闹盈盈，三眠出火敬蚕神，
一斤出火分一筐，筐筐育出龙蚕身。

八支香烛敬八仙，宝宝大眠敬蚕神，
日长夜大长得快，全身透明通脚边。

九支香烛升九天，龙蚕上山敬蚕神，
前屋后厅都上满，柴龙铺到灶脚边。

十支香烛唱完全，落山采茧谢蚕神，
颗颗茧子似鸭蛋，蚕花茂盛廿四分。

拜香凳队伍后面有一支6至8人的民间乐队。他们手持二胡、竹箫、横笛、唢呐等乐器，演奏《拜香调》为拜香凳队伍的演唱伴奏。有时也演奏一些民间小调，为迎会队伍添乐。据老蚕农周润清回忆，他父亲周银正曾参加过一次拜香会。那时迎会乐队里吹横笛的是个道士，名叫冯时金，他不但会用嘴吹笛，还能用鼻子吹笛，堪称一绝，名扬含山四乡。拜香凳队伍行至含山脚下时，还要编队跳拜香舞。

5、提香队：所谓提香队，就是用手臂或身体挂提着插香用的香炉参加迎会。用手臂挂提香炉的称"吊臂香"。提吊臂香的一般要有12个青壮年。这12人分别属鼠、牛、虎、兔、龙、蛇、马、羊、猴、鸡、狗、猪12种生肖，早在一个月前即从村中选好，必须吃一个月素才能参与这项活动，以示诚心。挂吊臂香的青壮年，要在两只手臂下面挂提两只（一边一只）插香的石香炉或铜香炉。这香炉用绳索吊着，由索端一只铜钩勾住两臂下面的皮肉挂着。吊香者，双臂伸向两边，提吊着香炉参加迎会。这香炉一般有五六斤重，最重的有十几斤，要将手臂下的皮肉吊扯下一寸多，看上去有些残酷。为什么要这样挂吊呢？用手捧着香炉走不是一样吗？信者说，这是表示对神的虔诚。好几斤重的香炉勾挂在皮肉上不痛吗？有人说，心诚就不痛。其实早在挂吊之前他们就用手将吊挂处的皮肉捏扯过了，然后再喷上烧酒，当铜钩勾上去的时候，这块皮肉已经麻木无知了，所以感觉不到痛。

　　另一种提香称"肉蜻蜓"，看上去更奇特更残酷。"肉蜻蜓"提香者往往要在身上钩挂7只香炉，一般得由身强力壮的青年担当。他上身赤裸，腰间扎一条"皮围带"，用7根狭长的毛竹片，分前后左右插于围带内，向四周张开。每个毛竹片上端拴一条细链，细链另一端系一只铜钩子，分别勾在人的前胸（2只）、后背（2只）、左右双臂（2只）和额前眉心的皮肉之中。7根毛竹片的顶端又分别悬吊着7只小香炉。这7只小炉就借力于勾在人身上的7只铜钩，通过7根竹片，分散吊挂在人的四周，好似一只张翅的蜻蜓，故名"肉蜻蜓"。用这种方式提香参加拜香会的人不多，每次仅一二人。这往往是为了孝敬自己的父母才这样做的，俗称"提香报娘恩"。河山镇王家弄村花埠自然村上有一个青年，为了"报娘恩"，曾经在拜香会上用"肉蜻蜓"的方式提香，至今人们还记着。这种提香习俗有伤身体、表现残酷，后来渐渐被废弃。

　　除了旗牌队、锣鼓队、神轿队、拜香凳队、提香队之外，有些村坊还要组织抬阁队和地戏队参加。所谓抬阁队，就是挑选一些长相好看的童男童女，让他们装扮成戏剧故事中的人物，捆坐在一个木架上，由人抬着参加迎会。所扮人物如《三国演义》中的刘、关、张，《水浒传》中的武松，《西游记》中的孙悟空和猪八戒等。所谓地戏队，就是由成人穿上戏装，扮成戏剧人物参加迎会。

蚕神庙前写疏（余仁摄）

　　拜香会队伍浩浩荡荡来到含山山顶之后，全队人马停驻在宝塔四周，由领班（村上推选的带头人）代表全队人员，先后到观音殿、马鸣殿等神殿上去点烛燃香，祭拜观音和马鸣王菩萨。祈求观音和马鸣王保佑全村蚕农安康吉祥、蚕花丰收。接着神轿队的人员，分别抬着关帝、蚕花五圣和总管三座神像在宝塔四周盘旋一圈，俗称"盘塔"，表示对山上所有神仙的敬意。然后拜香会队伍从西山"龙背脊"处下山。下山后，迎会全体人员到山下一处预先搭好的布篷下（人称菩萨场子）驻歇。三座神轿及其神像也暂放那里。至此，拜香会告一段落。参加迎会的全体人员可以自由活动：有的去山上游玩轧蚕花；有的去茶棚喝茶闲聊；有的去各种临时娱乐场所观看跑马戏、西洋景、猢狲变把戏。大多数人则要赶到山西边的含山塘上去观看难得一见的水上表演。

**（八）水上表演。** 前面所介绍的烧头香、背蚕种包、请蚕花、画蚕花符、石击仙人潭、轧蚕花以及拜香会等民俗活动，是蚕农个人或集体，通过对蚕神的敬拜，祈求其保佑蚕花丰收，属于敬神活动。蚕农们认为蚕神与人一样，除了接受香火祭拜之外，也需要看表演娱乐身心，于是各地蚕农就准备了一些娱神节目，到含山塘上进行水上表演。既是给神看，也是给自己看，娱神娱人。水上表演节目主要有以下三项：

①武术表演。表演拳术的船队俗称"打拳船"，一般来自吴兴练市的施家浜。这里的蚕农有练武打拳的传统。他们将两只农船拼连在一起，上面用木板铺成一个约两丈见方的平台。船后插一面标有村坊和拳队名称的大旗，平台两边摆有置放武术器械的木架，上插刀、枪、棍、剑等兵器。船头上放有

武术表演（余仁提供）

石锁、石担等器具。表演开始，在一阵阵助威锣鼓声中，身穿对襟排钮、宽身紧袖白绸武术服装的表演者登台。一般首先是表演打拳。有个人单打，也有两人对打。接着是刀枪棍剑一对一挥舞对阵。最后是举石锁、挺石担。在一根五六尺长的木棒两端，装上两片数十斤重的圆圆的石磨盘，便是一副石担。挺石担跟举重相似，表演者站立中间，抓住木棒向上挺举，举的次数多者为佳。这是一种比力量的民间竞技活动，深受民众喜欢。

②摇快船表演。快船又称"踏白船"。参加这种表演的村坊较多，桐乡、吴兴、德清等地均有。因为含山地处水乡，船是这里蚕农常用的交通运输工具，差不多人人都会使用，摇出来便是。摇快船所用之船就是普通的农船。表演时，船艄装有两只橹（一支大橹发挥摇船、代舵两种功能，一支小橹辅助大橹出力），两边船舷装有八把桨（一边四把）。另有一人在船尾敲锣或吹哨作指挥。表演时，在有节奏的铜锣或唢子声中，每只船上双橹紧摇，八桨齐划，只听得"唰！唰！"的划水声，众船并发，你追我赶，类似赛龙舟，两岸的观众欢声不断，热闹非凡。

③高杆船表演。这是含山轧蚕花民俗活动中最精彩的表演。这一节目往往由桐乡洲泉和芝村地区的蚕农来表演。因为这是该地区蚕农的传统节目，已有百余年的传承历史。

高杆船用两只农船拼连一起，船上铺有木板。板中摆一石臼，

高杆表演（张新根摄）

臼中竖立一根三四丈长的毛竹标杆。标杆四周有四根粗竹围撑着，
使其固定不倒。标杆尾端套有一只形似升箩的"踏脚"。表演时，表
演者缘杆而上，爬至杆端，依托那只踏脚，稍作喘息即开始表演各
种动作。只见他时而仰面直躺竹上，双手伸直，谓之"躺杆"；时而
用双脚脚面勾住竹杆，人身倒悬，谓之"倒挂锄头"；时而单臂勾住
竹杆，吊挂空中，谓之"张飞卖肉"；时而双臂反勾竹杆，悬挂空中，
谓之"苏秦背剑"。最精彩的节目称作"蜘蛛放丝"。表演时，取一匹
数丈长的白绸，拦腰对摺，摺合处固定于竹梢，分开的绸布两头捆
扎在一根二尺多长的木棍两端。表演时先将两条绸带绕卷棍上，收

到上面，然后，表演者双手抓住木棍，随着卷绸的快速松放，人从高空突然挂下，竹杆吊成弯弓，人似坠入水中，动作惊险，观众无不为之捏一把汗。

老蚕农周润清告诉笔者，解放前崇德县芝村乡（今属桐乡市崇福镇）的青年蚕农蒋新荣曾经来含山表演过高杆节目。1951年2月18日，他和蒋新荣两人同时报名参军，编在同一个连队。他听蒋新荣说，高杆表演非一日之功，要从小练起。小时候他用锄头柄架在桑树上练，后来又用竹杆练。他说，高杆表演所用的竹杆很有讲究，要挑选三年左右不嫩不老的阴山竹。所谓阴山竹就是生长在山背后的竹。这种竹质地坚韧，既不会折断，又有弹性。

**（九）拜蚕花忏。**所谓拜蚕花忏，就是清明节之后，蚕农请五六个道士于庙堂或家中，摆上案桌，立起蚕神马幛，进行祭请拜唱。六个道士分立案桌两旁，手持木鱼、小钹等法器，念唱《马鸣王宝忏》和《蚕花五圣妙忏》。忏书内容主要是介绍马鸣王来历及功绩，并祈求其"天降龙蚕，年年增收。花蚕食

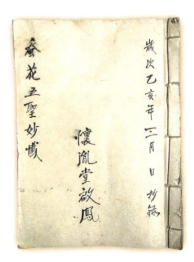

拜蚕花忏所用书（桐乡市非遗中心提供）

叶如风雨之声，上山如云雪之秀，采茧像白雪堆山。更祈衣食富饶，人口平安，田禾大熟，生理并臻……"

**（十）迎五圣会。**所谓"迎五圣会"，就是河山山下村蚕农抬着本村庙中所供蚕神"蚕花五圣"出会巡游。这虽是含山轧蚕花民俗活动的组成部分，但这次出会不在清明节头几天，而是在清明节后五六天举行，也不是上含山巡游，除了旗牌队、锣鼓队和神轿队之外，其他节目一般不出场。出会时，村上人抬了蚕花五圣（五座木雕神像），在村上巡游一圈。所过之处，一般农家只需在门前焚香燃烛，合手敬拜即可。而经过比较富裕人家门前时，蚕农则将五圣中的一圣抬进宅内，置于厢屋中间。此时，该户当家人须点烛燃香，对蚕神进行礼拜。拜后还要量出二至五斗大米，交给出会领队。这米卖成现金，将来用作庙中经费。全村走完，大约可以收到五六担大米，这样，明年含山轧蚕花的集体迎会活动经费就解决了。它既是一次请蚕神的蚕花会，也是一次化缘会。

村上所迎五圣会的蚕花五圣，究竟是什么蚕神呢？他们跟含山上的马鸣王蚕神又有什么区别呢？在前面"轧蚕花与蚕神信仰"一节中说过，一直来，杭嘉湖地域蚕乡，官府所提倡奉敬的蚕神为嫘祖，民间百姓则大多信奉马鸣王（马头娘）。而有些地方的蚕农，担心马鸣王管了养蚕，就管不了上山、结茧、缫丝等蚕事，于是他们除敬奉马鸣王之外，又自己再立出什么蚕花天子、蚕花太子、蚕花五圣等神来进行供奉。据老蚕农李继顺（85岁）介绍，这蚕花五圣有五位神灵。他们不但管栽桑养蚕，还管蚕宝宝上山、结茧、缫丝等。李继顺家中所供的六神牌上，就不但画有马鸣王，还画有蚕花天子和蚕花五圣等蚕神。这说明蚕农信仰的多元化。关于蚕花五圣的来历，目前尚未查到可靠的资料。但笔者在含山脚下河山镇王家弄村一个道士家中，看到一本抄于宣统三年（1911年）的《蚕花五圣妙忏》，书中讲述了这样一个故事：

> 很早以前，赣州婺源县萧家庄上，有一员外，姓萧名天荣，其妻包氏。萧家虽有万贯家财，但却未生男女一人。为此，他吃素行善，广济穷人。天上玉帝闻知，赐予子孙。这天夜里，包氏梦食仙桃，随后即有身孕。谁知怀孕了十四个月孩子还未出生。直到这年端阳节，突然生下一个斗大的血球。这血球在地上不停地滚动，吓得丈夫不知所措，疑是妖物，即差下人丢入溪中。血球在溪中逆水而动，正巧被天上一位仙人发现。仙人举刀剖开血球，见球中藏有五个有鼻有眼的男婴。仙人变成僧人，将五个孩子用包袱包好，送到萧家，说道："这是你家所生贵子，今特地为你送来。"萧公十分感激，即去厨房嘱下人备菜宴请僧人。可转身回来，僧人已无影无踪。萧天荣心知，此乃上天赐子。于是请来五个奶娘，抚养五个孩子，分别取名仁、义、礼、智、信，让他们读书学法。五子长大均学得一身好本领。后来，因他们帮助朝廷消灾灭妖有功，被徽宗皇帝

敕封"五圣"，统管招财、蚕花、车头、栏前、渔池诸事。并传旨命各地州县在乡村遍建"五圣堂"，供奉"五圣"，让其享受民间香火。从此，我们这一带乡村就多了不少供奉"五圣"的小庙堂。其实蚕农并不知道这些"五圣"是统管财、蚕、车、畜、渔诸业的神仙。蚕农最需要蚕神。后来在宗教信徒的作用下，"蚕花五圣"即成了蚕农供奉的又一类蚕神。

## [肆]轧蚕花与蚕花庙会

含山轧蚕花是以蚕神信仰为中心支柱的一种庙会民俗活动。在科学尚不普及的旧时，桐乡广大蚕农为祈求蚕神保佑蚕花丰收，每年清明节期间，全县各地蚕农差不多均会自发组织类似含山轧蚕花这样的庙会民俗活动。比如崇福芝村的"龙蚕会"，洲泉双庙渚的"蚕花水会"，乌镇的"香市"，等等。

这些庙会活动有一个共同的特点，就是均以祭拜蚕神为中心。但是，因为各地的自然环境和生活习惯不同，其娱神娱人节目就各有千秋，丰富多彩。所以，有些蚕农为了在紧张的春蚕饲养季节到来之前，偷闲愉悦一下身心，往往会赶好几个庙会场子，去观赏或参与各地的庙会活动。他们一般先去含山或芝村、双庙渚，然后再去乌镇。因为含山和双庙渚等地的活动时间较短，只有清明节起始的三五天时间。而乌镇香市则长达半月之久。

为了让大家广泛了解桐乡各地蚕花庙会的活动情况，看看这些庙会跟含山轧蚕花庙会有什么异同，分别介绍如下：

**（一）芝村龙蚕会。**

芝村是原崇德县（古称石门县）芝村乡（今属桐乡市崇福镇）的一个农村小集镇。集镇周边有20多个自然村。小集镇上原有一座庙宇，名芝村庙。庙中供奉当方土地和蚕神马鸣王菩萨。后因经常进行拜请蚕神马鸣王企盼年年养龙蚕的活动，人们就将庙名更为"龙蚕庙"。而每年清明节以龙蚕庙为中心开展的祭拜蚕神活动，就被称作"龙蚕会"。

芝村龙蚕会民俗活动具体起始于何时，目前尚未查到可证资料。据芝村老蚕农吴文祥告诉笔者，他小时候曾听老人说过，龙蚕庙中的马鸣王菩萨是（南）宋朝皇帝敕封的。他曾见过，庙中所供马鸣王神像，后面立有一匹白马，左边竖有一块敕封硬牌。此牌约三市尺高，一市尺宽，上书"马鸣大士"四个金字。相传此牌为皇帝封赐，人称"圣旨龙牌"。芝村民间还流传着这样的说法：北宋灭亡，宋康王（赵构）在临安（今杭州）建立南宋。他登基之后，为了鼓励农民栽桑养蚕，特敕封蚕神马鸣王菩萨为"马鸣大士"，并传旨各地建庙供奉。为此，芝村一带的蚕农，就在当地的土地庙（芝村庙）中增建马鸣王神殿，专门供奉马鸣王菩萨。每年清明节期间，周边蚕农纷纷前来神殿，祭拜蚕神马鸣王，祈求蚕神保佑蚕茧丰收，保佑家家养出龙蚕（想象中的大蚕）。如果从南宋算起，"龙蚕会"民俗活动的历史就有八百多年。但这仅仅是民间传闻，不可作证。而在清光绪戊寅年（1878年）出刊的《石门县志》上写道："清明日，农船装设旗帜，鸣金击鼓，齐集龙蚕庙前，谓之'龙蚕会'，亦击鼓祈蚕之意。"这是地方志上的正式记载。可见此民俗活动至少也有一百多年历史。

龙蚕会民俗活动的发起和组织，具有竞争色彩。每年农历十二月三十（除夕），庙中道人用红纸写好一张举行"龙蚕会"的告示。告示内容大意是：定于明年清明时节，在芝村龙蚕庙举行"龙蚕会"，时间五至七天，有船放船，有艺献艺，欢迎光临。庙域内哪个村坊首先取得此告示，明年的龙蚕会即由该村坊发起组织。为此，每年农历年三十，附近村坊争相去庙中抢夺告示，俗称"抢头家"。各村何以要争夺这种庙会发起权呢？无非是争强好胜、荣耀乡里。

取得庙会发起权的村坊，按告示内容，另外写好数十张红纸通告，于农历二月初二，组织一批人员，高举庙中的圣旨龙牌和红绿彩旗，敲锣打鼓，向县城进发。队伍进入县城，直抵县衙呈交办会通告。获得县衙批准支持之后，队伍便去县城周边一些主要村坊环行一遍，张贴迎会通告，打造迎会声势，最后返回原地。通过这样的造势宣传，芝村清明节迎龙蚕会的消息，便一传十、十传百，很快传遍全县各地，乃至县界邻近的余杭、德清等地。于是，要想参加此次迎会活动的蚕农，就会在一些有一定威望的好事者带领下，积极准备节目，届时前来参加。

　　芝村龙蚕会的民俗活动，也跟含山轧蚕花民俗活动一样，主要围绕着祭拜蚕神马鸣王展开。具体内容如下：

　　①**拜蚕花忏**。龙蚕会发起村坊于清明节前一天，组织七八个善男信女，来到龙蚕庙中，于马鸣王神殿内，围桌而坐，手敲鼓、钹、磬、铃，齐念《蚕花忏》，参拜一天，以示对马鸣王的祝颂。

　　②**为蚕神妆扮**。因为出会时，要将蚕神迎至庙外，接受蚕农的礼拜。所以迎会前一天先得给蚕神打扮一下。打扮时，人们将木雕的蚕神坐像请下神台，由两位老蚕娘为其梳妆打扮。老蚕娘将马

芝村拜香凳（张剑秋摄）

鸣王旧的衣冠脱下，换上新制的凤冠彩袍，并为其梳头净面，掸扫灰尘。

③**请神出殿**。清明节正式迎会这一天，负责发起庙会的那个村坊，组成一个迎神队伍。一早来到庙中马鸣王神殿，将马鸣王神像请到一张神轿（木椅）上，马鸣王身后的白色神马置于轿边。一声铳响，鞭炮齐鸣，迎神正式开始。在"圣旨龙牌"的引领下，神前有锣鼓、硬牌开道，神后有彩旗队护行。端坐神轿之中的马鸣王，由四人抬出庙门，迎至庙前河边，抬上早已停在船埠的一只神船上，准备接受广大蚕农的祭拜。

④**拜请蚕神**。神船是一只较大的农船，船上搭一平台，四周插满彩旗。台前设有供桌，桌上摆有千张、豆腐干和糕饼、水果等供品。马鸣王及神马迎上神船坐定，接着燃烛点香，鸣放鞭炮，开始祭拜。拜过之后，神船撑离船埠，开始在芝村龙蚕庙周围的河港中巡游。接受从四面八方赶来的蚕农的祭拜。接着便由参加庙会的各地彩船给蚕神表演自己的拿手节目，娱神娱人。各种节目均在船上表演，成千上万的民众，立于河港两岸跟蚕神一起观赏节目。

⑤**摇快船**。它跟含山轧蚕花民俗活动中的快船表演差不多。也是一种普通的农船，每只船上配有两橹八桨，由13个身强力壮的小伙子操作表演。各村前来参加表演的快船有数十只之多。他们除了比赛速度之外，还要表演摇船的技艺。如有些掌橹者，通过巧妙推

橹，能使快船在河中连续盘旋，俗称摇"牵塘磨"，赢得两岸观众一片喝彩。

⑥**台阁船**。由两只农船拼连在一起，船上搭一平台，台周以栏杆圈围，杆上插有五色彩旗。表演时，由一些十岁左右的童男童女，化装扮演戏剧故事人物。如《牛郎织女》、《赵云救阿斗》、《吕布戏貂蝉》、《许仙白娘娘》等。扮相俊美，新奇有趣。

⑦**化妆舞船**。也是用两只农船拼连在一起，铺上跳板，由16个童男童女分别化妆，扮成各种角色，手持道具边唱边舞，在船上表演。16人中，一人身穿对襟中装，肩挎红绸包袱，扮作购买蚕种的蚕农；一人身穿绿衫白裙，手持鱼篓，扮作卖鱼婆；一人身穿长衫，头戴礼帽，手持虎撑，扮作走坊郎中；一人身穿黑色褂裤，肩扛鸟枪，扮作打鸟大佬；一人身穿唐袍，手持佛珠，扮作和尚；一人身穿道袍，手持铜铃，扮作道士；两人身穿绿衫白裙，分别扮作喜娘和媒婆。其余8人，二人敲花鼓，二人敲镗锣，二人敲铜钹，二人执花棍。表演时，16人在船上边敲边唱，变队起舞。所唱歌词，除出场时各人根据自己所扮角色演唱四句开篇外，其余均唱当地流传的民间小曲，如《十只台子》、《三十六码头》等。舞蹈队行有"四角四星"、"出锁链条"等。此节目跟台阁船相比，虽然同是由孩童装扮角色，但前者所扮均戏中古人，后者所扮为现实社会中的三教九流，更接近生活，看上去十分亲切。

⑧**打拳船和高杆船**。除摇快船、台阁船、化妆舞船以外，跟含山轧蚕花民俗活动一样，也有打拳船和高杆船等。所表演的内容也大同小异。芝村龙蚕会上的打拳船有个特点，就是各船所插标志旗，不是标村坊名称，而是标出该船所表演拳术的类型。如表演太极拳的拳船，旗上就绣太极图案；乌龙拳船旗上绣有乌龙图案；老鸦拳船旗上绣老鹰图案（人们将老鹰误作乌鸦）；七星拳船旗上绣有七星图案，颇具特色。高杆船上所表演的节目，跟含山轧蚕花时所表演的也基本相似。

据当地老人回忆，芝村龙蚕会最后一次迎会是1948年清明节。新中国建立后随着龙蚕庙的拆除，庙会活动基本停止。后来，随着附近双庙渚迎会活动的恢复，附近蚕农均参加到那里去了。

**（二）双庙渚蚕花水会。**

双庙渚是桐乡市洲泉镇清河村的一个地名。旧时，此地清河港两岸建有两座庙宇，河东为贵和庙，河西为仁和庙，双庙渚即因此而得名。两座庙宇因故被废，近年人们重建一座"双庆禅寺"，以复旧迹。

据老蚕农杨炳奎（永秀南松）说，双庙渚蚕花水会的历史跟芝村龙蚕会相近。相传，贵和庙（仁和庙早毁）中所供蚕神马鸣王，也是宋高宗所敕封。传说，此庙所奉马鸣王跟芝村龙蚕庙及近乡永秀富墩庙中之马鸣王，是姐妹仨：龙蚕庙中的马鸣王是大姐，贵和庙为二姐，富墩庙为三姐。当地蚕农在雕制这三座马鸣王神像时，从

双庙渚蚕花水会（张新根摄）

芝村东边合家桥村取来一株大香樟树，将树身按根部、中部和梢部锯成三段，雕成马鸣王姐妹仨三座神像，分别供于龙蚕庙、贵和庙和富墩庙。每年清明节期间，当地蚕农，均要举行蚕花庙会，祭拜当地的马鸣王，祈求蚕神保佑蚕花茂盛。三座庙域的蚕农，有时分别祭拜，有时联合祭拜。因双庙渚附近河港既多且宽，其祭拜蚕神的活动，全部在水上举行，故此地之庙会称"蚕花水会"，亦称"蚕花胜会"。

双庙渚蚕花水会迎会时间，也在清明期间，一般三至五日。迎会的形式和内容跟芝村龙蚕会相似。但其娱神娱人所表演的节目更为丰富，且全在水上表演，因此也就吸引来更多的观众。蚕花水会上所表演的节目有如下几项：

①**缫丝船**。为向蚕神展现养蚕制丝的生产过程，蚕农在一只农船上，摆上缫制土丝的全部工具：煮茧灶、丝车、绵叉等。由两三位蚕娘在船上分别表演煮茧、缫丝、络丝和打绵线等动作，娱神娱人。清河北水塔村吴爱琴2008年曾参加过此节目表演。

②**龙灯船**。两只农船拼连在一起，铺上木板，由十几名蚕农在船上作舞龙表演。龙灯以竹篾为骨架，外蒙彩绸绘成龙形。龙身由一节一节组成，龙头龙尾及龙身下方装有木柄，表演者高举木柄，随龙头舞动。船行河中，龙在船上翻滚，犹如蛟龙戏水，十分精彩。

③**拜香船**。这是一种民间舞蹈表演。此节目跟含山轧蚕花民俗活动中的拜香舞相似，只不过表演的场所不同。含山轧蚕花拜香舞是在陆地上表演，双庙渚蚕花水会的拜香舞是在船上表演。用两只农船拼连在一起，上铺跳板，由8个孩童（4男4女），身穿红衫绿裤，头扎红绿绸带，手捧装有宝塔插上香烛的小香凳，排成两行，在民间乐队的伴奏下，唱着《拜香调》，翩翩起舞。永秀南松许南河村常组队来表演。

④**摇快船**。蚕花水会上的摇快船表演，跟龙蚕会上的摇快船基本相似。但是这里有一支全部由女子组成的"蚕娘快船"，特别引人瞩目。按传统规矩，女子是不允许参与此项活动的，但是双庙渚附近永秀屈家浜许家湾村的蚕娘，认为蚕神马鸣王也是女子。她们为

摇快船（童闻摄）

了表示对蚕神的崇敬，就专门组成了一个"蚕娘快船"参加表演。

⑤**高杆船**。双庙渚蚕花水会上的高杆表演，跟龙蚕会和含山轧蚕花庙会上的表演完全一样。因为各处参加高杆表演的人员大多来自洲泉地区晚村的屠家坝和夜明斗等村。这里的高杆表演有着悠久的传承历史。据洲泉镇坝桥行政村屠家坝自然村76岁的高杆表演者车顺祖2005年告诉笔者，他曾听其父亲车子方（1907—1969）说过，早在清朝末年，他们这个村坊已有很多人学会了高杆表演。含山、芝村、双庙渚、德清等地的蚕花庙会，曾多次邀请他们村上的车金寿、胡阿六等老一辈艺人去表演过高杆节目。如果从车金寿（1899—1955）等人算起，如今的表演者已是第五代传人。所表演的节目，有

张飞卖肉、苏秦背剑、倒挂锄头、田鸡伸腰、丝车滚灯、蜘蛛放丝等18种，可谓十八般武艺，遐迩闻名。其中原晚村乡夜明斗村的胡阿六（已故）所表演的高杆技艺四乡闻名，人称"高杆阿六"。据说他十一二岁就开始练习爬高杆，曾去含山、德清等地表演过。1949年初被国民党抓了壮丁。后来参加了人民解放军，在解放广西钦州城时，他运用自己爬高杆的技艺，凭一支竹竿潜入城内，为攻城立下了战功，后被评为战斗英雄。1953年复员回乡。目前高杆节目已被列为国家级非物质文化遗产保护名录。

除以上节目之外，那里也有打拳船、台阁船等，但跟其他庙会的节目大同小异，不再一一介绍。

据当地老人回忆，双庙渚蚕花水会在新中国建立前最后一次迎会是在1948年春天。据民国三十七年三月廿四日《崇德民报》报道："三月二十日，本乡十四保双庙渚（又名贵和庙），与邻乡芝村交界地方，于每年清明节前后，必有人发起伙同邻乡农民举行大规模之迎神赛会，以纪念马鸣王为号召，参加赛会，借以祈求田稻蚕丝的丰收。"解放之后，作为祭拜蚕神的大型庙会活动虽然停止，但每年清明节期间，仍有少数蚕农来双庙渚河港作"摇快船"表演。改革开放之后，随着时代的发展和人们对传统文化的怀念，1998年又重新恢复了双庙渚蚕花水会这种庙会活动。目前，这项民俗活动已被列入浙江省非物质文化遗产保护名录。

### （三）乌镇香市。

"市"即交易物品的市场。香市可以理解为烧香所形成的市场。明张岱在《西湖香市》一文中称："山东进香普陀者日至，嘉湖进香天竺者日至，至则与湖之人市焉，故曰香市。"

乌镇香市就是旧时乌镇民间的一种庙会。它形成于何时已无从考查。据乾隆《乌青镇志》记载："清明前二日为寒食，檐前插杨柳……是夜，育蚕家设祭禳白虎……翌日谓二忙日，村男女争赴普静寺烧香祈蚕，及谷雨收蚕子，乃罢。"其时有洋片摊、糖摊、马戏、髦儿戏、傀儡戏诸娱乐场，游人甚众……这可能就是乌镇香市的雏形。

乌镇是江南著名的千年古镇。镇上寺庙多达数十座，俗称有"三宫、六院、九寺、十三庵"。其中建于梁代的普静寺最大，另外还有建于宋代的白莲寺及乌将军庙（乌镇人将乌将军认作当方土地，将其视作土地庙）等。这些寺庙中除供奉上天各路神佛之外，也供有百姓所信仰的民间神灵。如土地、蚕神马鸣王等。"乡下人认为这位土地老爷特别关心蚕桑，所以每年清明节后'嬉春祈蚕'的所谓'香市'，一定在这土地庙里举行。"（茅盾《陌生人》）普静寺位于土地庙（乌将军庙）西面，白莲寺位于土地庙南面。这几座寺庙相距不远，且附近有一个较大的广场，故每年香市的活动中心，往往集中在土地庙周围。

　　赶香市的群众主要是蚕农。桐乡有句谚语："谷雨两边蚕。"旧时一般在谷雨节气前后开始饲养春蚕。而从清明到谷雨这半个月内，春光明媚，风和日丽，正是蚕农利用蚕忙前夕的闲暇拜神行乐的时令。"所以到香市来的农民一半是祈神赐福（蚕花廿四分），一半也是预酬蚕节的辛苦劳作。所谓'借佛游春'是也。"（茅盾《香市》）

　　蚕农们是如何到香市上来祈神行乐的呢？据乌镇民丰村老蚕农胡云生回忆，赶香市的四乡蚕农，一般乘坐航船或摇着赤膊船前来。船于寺庙旁边的河港里停定，上岸去寺庙中的蚕神殿或土地殿烧香祭拜，祈求蚕神或当方土地保佑茧粮丰收。庙里出来之后，请（买）一朵蚕花戴上，然后去土地庙前的上智潭洗手，俗称"汰蚕花手"。据说，汰过蚕花手的蚕娘，定能养出龙蚕，取得蚕花廿四分。接下来，就像含山轧蚕花一样，可以随便轧来轧去轧闹猛了。据说，乌镇香市上也有轧蚕花"摸奶奶"的陋俗。茅盾1933年在《陌生人》中写道："上杭州去烧香的乡下人一定要到'岳老爷坟上'去一趟，却并不为瞻仰忠魂，而为的要摸跪在那里的王氏（秦桧之妻）的铁奶；据说由此一摸，蚕花能够茂盛。但是我们这里……没有'铁奶'可供乡下人摩摸，反而是乡下女人自己的肉奶在神座前被男性的手摸了一把就可以蚕花好。因此大奶奶的乡下女人一定要在土地老爷的神座前挤一下。这也是百年相承的习俗。"

　　赶香市的蚕农，除了烧香、请蚕花、汰蚕花手、轧蚕花之外，就

乌镇香市（李渭钫摄）

是赶来赶去游玩。有的到临时搭成的茶棚里喝茶；有的去塔边戏台前看神戏；有的到广场上各个圈定的游乐场里，观看弄缸弄甏、走绳索、三上吊、提线戏、西洋镜、猢狲变把戏、跑马戏，还有老虎、豹、猴子、穿山甲等动物。除了看还有吃。镇上的商人，利用香市这一商机，在寺庙周边摆了很多摊头，什么小吃摊、水果摊、糕饼摊、酒摊，五花八门，应有尽有。其中"烧香豆腐干"生意最好。这种价廉物美的土产，正适合游玩得饥肠辘辘的蚕农们充饥，故人们戏称这种豆腐干为"救命豆腐干"。蚕农们利用香市，"借神游春"，尽情地吃看玩乐，如同过节一样。正如茅盾在《香市》文中所说："从前农村还是'桃源'的时候，这'香市'就是农村的'狂欢节'。"

乌镇香市的活动时间比较长，从清明至谷雨约半个月。所以有些赶蚕花庙会的马戏团和杂技班子，往往在清明节头几天先去含山表演，然后再来乌镇设场。而那些好事的蚕农们为了轧闹猛，也会先去含山或芝村、双庙渚，再来乌镇。还有些本地或外地的蚕农，往往开了烧香船，先去杭州赶西湖香市，回来再到乌镇烧香赶乌镇香市，俗称"烧回头香"。赶西湖香市时，有人还要去雷峰塔挖砖头，挖不到砖头扒点砖头碎片也好。砖头挖回来放在蚕房里。据说雷峰塔上的砖头沾有蛇仙白娘娘的仙气，放在蚕室里可以镇鼠保蚕。桐乡蚕农张桂荣家里，至今还保存一块雷峰塔的塔砖。

我们只要将芝村龙蚕会、双庙渚蚕花水会、乌镇香市，跟含山轧蚕花民俗活动比较一下，就不难看出，桐乡地域所流传的这些蚕花庙会，都有一个共同的特点，就是它们都是以蚕神信仰为中心，也即信奉马鸣王，而且都是以寺庙为依托进行活动。含山依托山上的马鸣殿，芝村依托龙蚕庙，双庙渚依托贵和庙，乌镇依托普静寺和土地庙，都是以喻意蚕茧丰收的"蚕花"为号召，来组织多种多样具有地方特色的敬神娱神活动，娱神娱人。所不同的是，敬神娱神活动的环境与方式有些差异。乌镇香市主要以陆地活动为主，芝村及双庙渚的活动均在水上进行。而含山则水上、陆上、山上均有活动，可谓"海陆空"并行。至于活动方式，芝村和双庙渚都是以村坊集体参与为主，含山则是个人参与跟集体参与兼顾。含山、芝村和双庙渚的庙会活动，大多为蚕农自己组织、自己表演，自娱自乐。而乌镇活动场所全在镇上，由于商家也积极参与，故商业气息比其他几处庙会更浓些。

# 含山轧蚕花与蚕桑习俗

在护种、孵化、饲养、结茧、缫丝等一系列蚕桑生产过程中，始终贯穿着蚕神信仰的民俗活动，包括生产习俗、蚕农生活习俗和时令习俗。

烧头香

背蚕种包

请蚕花拜蚕神

画蚕花符

# 含山轧蚕花与蚕桑习俗

含山轧蚕花民俗活动，只是蚕农以蚕神信仰为中心，以象征蚕茧丰收的"蚕花"为标记的蚕桑习俗的一次集中展示。时间主要选定在蚕忙前夕的清明时节。而蚕神信仰这一习俗核心原本就贯穿于蚕桑生产、蚕农生活，乃至一年四季的岁时节令之中。所以各种有关蚕桑生产、蚕农生活和岁时节令的习俗，应该算是轧蚕花习俗的形成基础。通过对这些习俗的了解，可以加深我们对轧蚕花习俗的认识。

## [壹]蚕桑生产习俗

蚕桑生产包括种桑和养蚕。就养蚕来说，从护种、孵化、收蚁、饲养一直到结茧、缫丝要经过很多生产程序。每一道程序的好坏，都会直接影响整个蚕茧的收成。在科学养蚕尚不普及的旧时，蚕农在各个生产程序中，均贯穿着蚕神信仰的民俗活动。

**1、护种习俗。**蚕种是饲蚕的基础。上一年留下的蚕种，蚕农必须加以精心保护。其中最重要的就是要进行腌种。所谓"腌种"，用现在的话说就是蚕种消毒。这是一种土法消毒，也是一种生产习俗。农历十二月十二日，相传为蚕神马鸣王的生日（亦说为蚕宝宝的生日)。蚕农往往通过为蚕神过生日的时机来进行腌种。这天，他们用磨好的糯米粉，做成黄（掺和南瓜）、白二色形似蚕茧的"茧圆"，煮熟之后装在盆内，再配上甘蔗、橘子、荸荠等数盆水果，供于灶山之上，燃烛点香，对灶神、蚕神进行默默祭拜。接着取出收藏在家中的蚕种（纸板）撒上一些盐粒，进行"腌种"。然后又将腌过的蚕种包好收藏起来。十天之后，待到腊月二十三日送灶时，再将蚕种取出，抖落蚕种纸板上的盐粒，用清水冲洗一下，挂在屋檐下面背光通风的地方，晾干后重新收藏起来。等到来年谷雨时节前后，便可取出来孵化小蚕。相传，通过做茧圆为蚕神过生日，并在过生日这天进行腌种，来年蚕神就会保佑蚕儿身体强健，无病无疾，蚕花廿四分，结出的蚕茧有如茧圆那样大。寓居桐乡濮院的清代文人陈梓，曾作《茧圆歌》述道：

> 黄金白金鸽卵圆，小锅炊热汤沸然。
>
> 今年生日粉茧大，来岁山头十万颗。
>
> 新妇端端拜灶君，灶君有灵风卷云。
>
> 丁宁上启西陵氏，加意寅年福蚕市。
>
> 问他分数隐语骄，十二楼前廿四桥。

其实，蚕神并不能保佑蚕宝宝身强体健不生病，而通过腌种这种习俗活动，在蚕种上撒些盐粒，倒是可以起到杀菌消毒作用。如今蚕乡推行科学养蚕，用科学方法消毒，腌种的习俗已经消失，但农历十二月十二日吃茧圆的风俗仍在流行。

2、**收蚁习俗**。收蚁就是通过对蚕种加温孵化，待蚁蚕（小蚕）孵出之后进行收养。收蚁是饲蚕的第一道程序，蚕农对其特别重视。过去土法养蚕，蚕农一般都是将蚕种窝藏在身上，利用体温进行孵化，俗称"窝种"。待孵化出蚁蚕之后，即进行"收蚁"。收蚁这天上午，蚕农在灶山上的灶神、蚕神前摆上糕点和水果供品，燃点起香烛。同时把事先采来的嫩桑叶切细，把从田野里采来的野花揉散，将事先准备好的灯芯草（过去点油灯用的白色草芯）剪碎，并准备好一杆秤。待到太阳升高之后，蚕娘（家庭主妇）就把清明节从含山或其他庙会上请来的一朵蚕花及一对鹅毛插在发髻上，会同家人一起来到蚕房里。蚕娘将盖在蚕种上的遮布揭去，庄重地将切细的嫩桑叶和揉剪过的野花碎片及灯草细末，均匀地撒在蚕种纸板上面。

古收蚁图

这样做的作用，其实是以嫩桑和野花的清香来引出蚁蚕。接着将蚕种纸板晾放在秤杆上，并从发髻上拔下一支鹅毛，将嫩桑和野花及灯草碎片，连同已经孵化引出来的蚁蚕，轻轻地掸拂在一只小蚕簟里。最后，蚕娘从发髻上拔下那朵从含山等庙会上请来的蚕花，和掸过蚁蚕的鹅毛一起插在蚕簟边沿，至此庄重的收蚁仪式即算结束。为什么收蚁时要在蚕种上撒些灯芯草细末，要用秤杆来晾蚕种呢？这是为了借用"秤"和"芯"二字的谐音，讨一个"称心如意"的好彩头。这是"以音寓福"旧俗的遗风。而蚕娘戴着"蚕花"收蚁，收后又将蚕花插在蚕簟上，则是因为这朵从含山或其他庙会上请来的"蚕花"，沾有蚕神马鸣王的蚕花喜气，用它来收蚁，就寓示今年蚕花定能取得好收成。如今收蚁时，虽然不再请蚕神并用秤杆晾蚕种了，但插蚕花的习俗仍有流传。

**3、饲蚕习俗。**蚕儿从小蚕到大蚕，要经历四个生长阶段，即通常所说的四次蚕眠。蚕儿每眠一次就脱一层皮长大一段。这四个眠期当中，"三眠"最重要。三眠俗称"出火"（因三眠之后无需再用炭火加温）。"出火"是由小蚕变大蚕的过渡期。这是蚕儿生长的关键期，蚕农十分重视。于是蚕儿育到出火时，往往要奉请一次蚕神。这次奉请蚕神不是在灶山上，而是在厢房中间，设一案桌，立起"六神牌"（牌上画有马鸣王神像），摆上荤素盆菜及糕点水果，燃点香烛，进行祭拜，祈求蚕神保佑蚕宝宝顺利从小蚕过渡到大蚕直至老

养蚕（李渭钫摄）

蚕上山结茧，取得蚕花廿四分。祭拜过蚕神之后，往往要进行一次分蚕、称蚕活动。所谓分蚕称蚕，因为蚕过出火（三眠），蚕体增大，要将集中饲养的蚕儿，分散到更多的蚕匾中进行喂养。在分蚕时，蚕农有意取出一部分蚕儿来过一下秤，并将称过的蚕儿固定放在一处饲养，到最后采茧子的时候，再将固定饲养所采蚕茧进行过秤，看一斤出火蚕宝宝能采多少蚕茧。采一斤为一分"蚕花"，采十二斤为十二分"蚕花"。一般来说，一斤出火能采到七八分收成已经不错了。采到十二分那是最好了。所谓"蚕花廿四分"，只不过是"颂祷之夸词也"。那是为了讨个吉利。

4、**上山习俗**。蚕儿经过三眠四眠之后，逐渐进入老蚕期。老蚕养到通体透明时，称作"熟蚕"。于是蚕农就将一条条熟蚕捉上用稻草绞制成的草山上让其结茧，俗称"上山"。蚕儿上山之后，蚕乡流传一种"望山头"的习俗（亦称望蚕讯）。所谓"望山头"，就是在蚕儿上山之后，蚕农家的亲戚（特别新亲，即新媳妇的娘家），一定要准备肉、鱼、糕、蛋及时鲜水果等礼品，去新亲家探望一次，预祝亲家蚕花廿四分，俗称"望山头"。有首《望山头》蚕歌唱道：

枇杷梅子灰鸭蛋，蹄子鲫鱼装满篮，

软糕包子长寿面，去望山头挑一担。

这望山头所选礼品均深含喻意。鸭蛋喻意蚕茧结得像鸭蛋那样大。软糕称作"蚕花糕"，预示蚕茧收成节节高。这鲫鱼的"鱼"

望山头礼品（汤闻飞摄）

字跟"想"字近音，喻意今年蚕花"有想头"（有奔头），定能取得好收成。如今，此俗仍在流传，所送礼品比过去更多了。

5、**采茧习俗**。蚕儿上山结出了白花花的蚕茧，信奉蚕神的蚕农，在采摘蚕茧的时候，总认为蚕茧丰收是蚕神马鸣王保佑的结果。于是在采好茧子缫完蚕丝之后，要举行一个"谢蚕神"的仪式。这仪式也在厢屋中举行。屋中摆一张八仙桌，立起画有马鸣王、蚕花天子、蚕花五圣等蚕神的"六神牌"，供上鱼肉荤腥及素菜水果等酒菜，合家老少进行祭拜，以谢神恩。正如明代诗人邝璠在一首《竹枝词》中所言："新丝缫得谢蚕神，福物堆盘酒满斟，老小一家

采茧（徐春雷摄）

齐下拜，纸钱便把火来焚。"如今采下蚕茧不再缫制蚕丝了，直接出售茧子。随着社会的进步，谢蚕神的习俗也渐渐淡化了。

**6、禁忌习俗**。在整个饲养生产过程中，无处不存在蚕农对蚕神的信仰。由于对蚕神的过度敬仰，就会产生一种畏惧之心，处处约束自己的举止言行，以避免得罪蚕神，于是就产生了各种禁忌习俗。旧时，养蚕生产中的禁忌可多了，相传有"五禁七忌"。

所谓五禁：一禁生人。蚕农怕"生客冲了蚕神"，故养蚕一开始，就关闭大门，俗称"蚕关门"，全家人从边门或后门进出，同时谢绝一切外人进入。就是亲戚朋友、官员办事也不例外。正如清代桐乡诗人李廷辉在《蚕桑词》中所称："最忌生人紧插樊，亲朋严禁往来烦；官书匝月权停判，莫令催钱夜打门。"有的还在大门上贴一张红纸，上书"蚕月免进"等字样。有的在门前竖放一根绑有桃枝的扁担，意在辟邪。如果有人因不明乡俗，偶然登门，那么当家人就会取一盅茶叶和米，在来人离开后向门外泼出。此禁虽然带有迷信色彩，但其目的是防止外人带来不干净的东西，影响蚕的生长。

二禁声响。因为蚕宝宝跟婴儿一样，需要安静。所以在育蚕的蚕室里，不准发出各种响声。蚕娘们之间若要交谈，都是轻声细语，更不可大吵大闹、哭泣叫唤，连切桑叶所需的垫具也不用木板，而用稻草箍扎起来的草墩，目的就是为了避免切叶发出响声。

三禁油烟。蚕宝宝需要清新空气，禁忌一切油烟污染。为此，蚕室内禁止因吸烟或燃烧其他物品产生的烟雾。油烟更是大忌。一些油品也不可带进蚕室。饲蚕期间，蚕娘梳头抹点菜油也不行，只能以水代油。

四禁异味。蚕宝宝的神经很敏感，各种异常的气味，都会给它带来刺激。为此，严禁将酸、辛、苦、辣等气味带进蚕室。蚕娘们一般禁止在蚕室内用餐，更不准将一些酸菜、葱蒜、辣椒、酒醋等带入。

五禁秽语。这里所说的秽语，主要是指那些听上去不吉利的话语。比如蚕儿进入四眠期，不可说"四眠"，得说"大眠"。因为"四"跟"死"谐音，听上去不吉利。因吃叶不均所出现的小蚕，不能叫"小蚕"，得称"长娘"。因为"小"不吉利，"长"则喻示它会迅速长大。

所谓七忌，就是在饲蚕期间，有七种事物的名称都要忌口，不能按原名直呼，得改变称呼。大葱不能叫大葱，得改称"香头"。因为"葱"与"冲"谐音，叫葱蚕花要被冲掉，不吉利。生姜改叫"辣烘"。因为有一种蚕病称"僵蚕"，"姜"与"僵"谐音，所以这个"姜"字要避讳。酱油改称"咸酸"。因为有一种蚕病得后呈酱褐色，俗称"酱油病"，要忌口。竹笋改称"钻天"。因为"笋"与"损"谐音，叫笋蚕要损，不吉利。豆腐改称"白肉"。因为"腐"有"腐烂"之嫌。天亮改称"天开眼"。因为有一种蚕病叫"亮头病"，所以

"亮"字要避开。蚕宝宝吃叶时爬来爬去，这"爬"不能叫爬，得叫"行"。因为有一种白肚病，蚕宝宝感染后就乱爬不食，所以要避讳。这些蒙上神秘面纱的禁忌蚕俗，虽然令人不可思议，但仔细考察分析，其中有些还是有一定道理的。这是古代原始信仰习俗在蚕桑生产中的渗透。

**7、防害防病习俗。** 在整个饲蚕生产过程中，除了因对蚕神信仰、畏惧所产生的各种禁忌习俗之外，在防止天敌对蚕宝宝伤害和预防蚕病方面，也形成了不少习俗。

蚕神画像（余仁提供）

过去蚕农家用于饲蚕的蚕室，一般都是砖木结构的平房，屋上大多用竹簾铺瓦盖顶。天长日久，这种屋顶上会繁殖出一种俗称"瓦刺"的毛虫。蚕宝宝"落地铺"饲养时，瓦刺会从屋顶上落下来伤害蚕儿。蚕农为了消除这些瓦刺，就形成了一种以螺蛳灭瓦刺的习俗。每年清明节前夜（俗称清明夜），各户蚕农所办的清明夜饭菜肴中，都少不了炒螺蛳这碗菜。人们吃完了炒螺蛳之后，就将所留下的螺蛳壳聚集起来，抛向蚕室的屋顶。这些螺蛳壳，有些滚落地上，有些则滞嵌在屋顶的瓦缝之中。因为这些螺壳内尚有残存的鲜美螺肉，它能将瓦刺吸引过去，这样就可以保护蚕儿不受瓦刺伤害。

蚕宝宝的另一个天敌就是老鼠。老鼠最爱吃蚕宝宝，特别爱吃进入大眠的老蚕。桐乡有句歇后语："托老鼠管大眠头。"意即"靠不住"。那一条条又粗又壮肉滚滚的老蚕，一只老鼠一顿能吃下十几条。吃掉一条蚕就等于减少一颗蚕茧，任其吃下去这损失可大了。蚕农为了防止老鼠吃蚕，就形成了"请猫"和"护蛇"的习俗。所谓"请猫"，就是在清明节参加含山等蚕花庙会活动时，往往要请一些"猫"回来。这些猫不是真正的动物猫，而是从含山等庙会上请（买）来的剪纸猫或泥塑猫，俗称"蚕猫"。蚕猫请来之后，就张贴或摆放在蚕室内。蚕农们认为，这些从庙会上请回的"蚕猫"，沾

蚕猫图（张纪民剪纸）

有蚕神的仙气，它比家养的动物猫，更能镇住老鼠。

为了管住老鼠，蚕农还会借用老鼠的天敌——蛇来镇鼠。过去动物链较平衡，生态环境比较好，差不多每户蚕农家中都有蛇存在。这种蛇呈青黄色，俗称黄蟒蛇，这是一种无毒蛇。它一般不会伤人，只吃老鼠，是天然的捕鼠能手。猫捉老鼠只能在老鼠出洞之后，一旦老鼠潜入洞中，猫就束手无策。但蛇不同，它能钻进洞中抓老鼠。所以蚕农称此种蛇为"家蛇"，把它当作蚕神派来的仙龙看待。平常见了"家蛇"出来，均不称其"蛇"，而称做"青龙"，且要焚香礼拜。为此，每年阳春三月，清明前后，一些民间艺人，常常带着一条黄蟒蛇，来到蚕农家门前，一边将此蛇放在蚕农家中地上，一边演唱《赞蚕花》蚕歌：

> 青龙到，蚕花好，去年来了到今朝；
>
> 看看黄蟒龙蚕到，二十四分稳牢牢。
>
> 当家娘娘看蚕好，茧子采来像山高，
>
> 十六部丝车两行排，脚踏丝车鹦鹉叫。
>
> ……

蚕农信仰蚕神，认为蛇是蚕神恩赐的青龙，青龙到，蚕花一定好。所以对这类上门的民间艺人，非常乐于施舍，而且均送上贵重的绵兜（蚕茧剥成的丝絮）。

在科学尚不普及的旧时，蚕农对蚕宝宝各种疾病的防治，往往寄希望于蚕神。那时，蚕农一旦发现蚕病，不知用科学方法防治，而是先去祭拜蚕神，祈求蚕神帮助消灾治病。乌镇民兴农村，有些蚕农在拜过蚕神之后，还要"驱蚕祟"。他们认为，蚕病是所谓的"蚕祟"带来的，只有驱走蚕祟，蚕病才能消除。据说蚕祟最怕山羊血，于是就形成了"羊血驱祟"的习俗：牵来一只山羊，系于蚕房门口。第二天天不亮，主人脱掉裤子，将山羊的头揿在蚕房门槛上，用力将羊头砍下。然后提着滴血的山羊头，围绕蚕房四周走一圈，使整个蚕房处于山羊血的包围之中。据说这样可以驱走蚕祟，防治蚕病。其实，蚕宝宝得病跟人生病一样，也是病菌或病毒引起的，只能用科学方法防治，靠求神驱祟是解决不了问题的。

## [贰]蚕农生活习俗

含山轧蚕花民俗活动，是以祭祀蚕神为中心，以"蚕花"象征蚕茧丰收为喻意的民间庙会活动。在蚕乡，蚕花不仅象征蚕茧丰收，还象征蚕农生活美满幸福。因此，蚕农的整个生活，无论是衣、食、住、行还是婚嫁、丧葬等，无一不跟蚕花有着密切的关系。

**（一）衣着习俗**。桐乡是全国知名的蚕桑之乡。在桐乡，过去不管城镇还是农村，均有穿着丝绸织物的习俗。所穿单衣常以绵绸为原料制作。所谓绵绸就是用丝绵线织成的土绸。这种土绸虽然比不上机器上织出来的"洋绸"绫罗绸缎光滑、柔软、漂亮，但它坚韧、透气、朴实。出生于桐乡石门的美术大师丰子恺，在世时最爱穿用绵绸做成的中式衣衫。绵绸是蚕农用土织机织成的。而织绵绸所用之丝绵线，也是蚕农手持绵叉梗一段段打捻而成。所以"打绵线"成了蚕乡女子必学的基本技能。蚕乡姑娘出嫁，打绵线所用工具绵叉梗是必不可少的陪嫁品。丰子恺所作《三娘娘》（打绵线），正是这一习俗的历史记载。桐乡人还习惯用丝绵来翻制棉衣和棉被，从古至今已成习俗。丰子恺曾在文章中称，在桐乡连叫花子都穿丝绵。这并非桐乡人奢侈显富，因为桐乡不产棉花，历来没有用棉花翻制棉衣和棉被的习惯。而

剥丝绵（徐春雷摄）

打绵线（徐春雷摄）

丝绵（用蚕茧剥制的丝絮）则是当地出产的普通生活用品。这里农村家家养蚕，每户人家均可用自家出产的下等蚕茧（卖不出好价钱）剥制丝绵，以作翻制棉衣棉被之用。

用绵绸印染的拷花布制作服装也是桐乡农家的穿着习俗。所谓"拷花布"，是用天然植物染料印染而成。它具有耐洗耐晒、色性稳定的特点。可以印染成蓝色，也可以印染成彩色。旧时蚕乡农村姑娘出嫁，一件用绵绸印染的蓝拷花布包袱，一床用绵绸印染的彩拷印花被面，是两件必不可少的传统陪嫁品。小儿常用的肚兜、围嘴、鞋帽等，也常用绵绸彩拷印花布制作。

**（二）饮食习俗。**饮食是蚕农生活的重要组成部分。作为蚕乡的桐乡，有个习惯，凡是跟养蚕有关的食品均被冠上"蚕花"的称谓。什么蚕花圆子、蚕花糕、蚕花馒头、蚕花馄饨、蚕花菜等等。可以这样说，这些都是含山轧蚕花庙会象征物"蚕花"寓意的拓展和延伸。因为"蚕花"是蚕茧丰收的象征。蚕农将一些食品冠以"蚕花"的称谓，无非是想借此讨个吉利，满足精神上的想往和寄托。

这些冠以"蚕花"的食品，往往跟祭祀蚕神和养蚕生产密切相关。腊月十二日，蚕农为蚕神过生日时所做的糯米粉圆子，俗称"茧圆子"。清明至谷雨期间，春蚕饲养前夕，蚕农在奉请蚕神的时候，往往要做一些"蚕花圆子"（亦称清明团子）。这种圆子也是用米粉（糯米粉和粳米粉掺和）做成。圆子形似蚕茧，有两种：一种在米粉中掺入青色草头，称青圆子；一种不掺任何东西，为白色。青色蚕花圆子喻意桑叶青青碧绿；白色蚕花圆子寓意将来蚕茧又大又白，俗称"吃青还白"。而蚕宝宝上山之后，蚕农亲家在"望山头"送礼时，所送软糕称"蚕花糕"，所送包子称"蚕花包子"。蚕花糕象征蚕茧产量步步高、年年高。蚕花包子形似小山包，象征蚕花丰收后蚕茧堆得像山高。这些都是为了讨个吉利。而清明节前夜（俗称清明夜）蚕农家所办的清明夜饭，其中有几道菜肴是必不可少的。这些菜均跟养蚕有关，俗称"蚕花菜"。笔者上世纪八十年代，曾经在河山农村一个朋友家里品尝过这种蚕花菜。这些菜并非鱼肉鸡鸭之类，而是一种极普通的家常菜。其中有马兰头（野菜）、发芽豆（蚕豆）、炒

做茧圆（徐春雷摄）

螺蛳、熟藕等。据主人介绍，这些菜肴均跟养蚕有关。马兰头能健脑明目，蚕娘吃了将来养蚕脑清目明。发芽豆是蚕豆发出来的，吃了它预示将来养蚕蚕花兴发，可以发家致富。藕的丝头长，吃了熟藕将来采下的茧子丝头就长。吃炒螺蛳，除了可用螺蛳壳诱杀"瓦刺虫"之外，据说还可以预防蚕病。清光绪《桐乡县志》记载："清明前一日……是夜育蚕家……也食螺蛳，名'挑青'，盖蚕病谓之'青娘'，故云。"旧时有种蚕病称"青娘"。吃螺蛳时往往用钢针将其肉挑出来吃，俗称"挑青"。挑青寓意将"青娘"蚕病挑掉了，将来蚕宝宝就不会生这种病。所以炒螺蛳是清明夜饭中的一道必不可少的"蚕花菜"。

**（三）居住习俗。**人们家居的住宅结构形式，往往跟自然环境和生产生活习惯有关，这便形成了各地不同的居住习俗。蚕桑之乡的桐乡，农村里差不多家家户户养蚕，而且养得较多。养蚕需要比较宽敞的地方。前面说过，开始养小蚕的时候，全放在一只只蚕匾里饲养。蚕匾分搁在一层层蚕台上，占不了多少地方。但到了饲养大蚕、老蚕的时候，每条蚕体增大数十倍，仅有的蚕匾根本无法容纳，于是便要分散铺养到家中地面上，俗称"落地铺"。这就需要很宽敞的地面。根据养蚕"落地铺"的生产习惯，蚕乡农家的住宅，跟其他地方就不同。

旧时桐乡农村一般人家的住宅，大多是砖木结构的平房（少数楼房）。其构成形式为"三开两进"或"三开三进"。所谓"三开两进"，即三间房屋连成一线，共有前后两排。"三开三进"就是前后共三排。这三开间的三排房屋，其宽度和进深并不一样。第一进各间每间约有一丈四尺开阔（合4.5米），进深约两丈多（合6至8米）。第二进各间的宽度和进深均比头进浅。第三进更浅。为什么头进三间如此开阔进深呢？因为这三间是养老蚕时"落地铺"的地方。第二进一般作卧室、储藏室，第三进是猪羊棚和厕所，狭浅一些不会影响生产和生活。

这里农村人家的住宅还有两个特点，一是在头进跟二进连接的"过路房"处，均要开一个边门。这也是为了养蚕需要。因为蚕乡有"蚕关门"的习俗（开始养蚕后家家大门关闭）。边门在养蚕期间可供家人进出。二是头进房屋前面均建有四五尺（约1.5米）宽的走廊。走廊主要用来存放蚕宝宝食用的桑叶。特别是老蚕落地铺时期，桑叶需要量很大，存放在走廊里，取用起来更方便。

正因为蚕农所建住宅，头进屋主要用于养蚕，所以在建房时，就形成了上梁"接蚕花"的特殊习俗。所谓"接蚕花"，就是在新房（主要是头进）房屋构架树立起来之后，在架设大梁（中间房屋的正梁）的时候，要举行一个隆重的上梁"接蚕花"仪式。此仪式在新房构架下面所搭"鲁班台"（临时搭建）上举行。台上设一供桌，竖起包括土地神、蚕神等在内的"六神牌"，摆上猪头、全鸡、全鱼、糕

农村古民居（桐乡市非遗中心提供）

点等供品。仪式开始，主人率全家向土地及蚕神祭拜，拜后开始架大梁。在这同时，一位建房木匠站立鲁班台上，一边向下抛撒糕点，一边念唱"接蚕花"蚕歌：

　　　　四角全被张端正，二位对面笑盈盈，

　　　　东君接得蚕花去，看出龙蚕廿四分。

　　　　大红全被四角齐，夫妻对面笑嘻嘻，

　　　　双手接得蚕花去，一被蚕花万倍收。

　　此时，房主夫妻二人，面对面扯起一条红色印花被面，站在鲁班台下，张接木匠抛下的糕点，俗称"接蚕花"。据传，举行过"接蚕花"仪式之后，这房屋今后养蚕定能"看出龙蚕廿四分"。

（四）**通行习俗**。桐乡地处江南水乡，这里河港如织，平常使用的运输通行工具主要是船，历来有"以舟代车"的习俗。城镇之间所使用的船只，有快板船、航船、脚划船等。农村蚕农所使用的运输及交通工具，主要是农船。这种农船为木头所制，二三丈长，四五尺宽，用橹板推行。每只船有前、中、后三个船舱。除后舱铺有平基板之外，前舱和中舱均为敞舱，上无遮盖，故俗称"赤膊船"。过去一般蚕农每家均有一只"赤膊船"，平常用作罱河泥、扒垃圾积存肥料，养蚕时用以采桑叶或去外地买桑叶。采下蚕茧之后常用来卖茧子。清明时节，要去含山轧蚕花，则可用作"拜香船"。每只船上可以搭乘十多位烧香蚕娘。参与附近芝村龙蚕会、双庙渚蚕花水会上的

农用赤膊船（汤闻飞摄）

摇快船表演也用这种船。故蚕农家这条赤膊船用处非常广泛。

蚕农所用的赤膊船，一般在本乡本村使用，很少外出。在本地使用比较随便，装上橹板，摇了就走。但若外出买叶或去含山等庙会上烧香，开船时有"开水门"的习俗。所谓"开水门"，就是船在起航之前，船头上撑篙的人，必须用竹篙的梢头，在船头前面的河面上拍打三下，然后才可以起橹开船。据说，开过水门之后，河神就会保佑行船一路顺风，平安无事。

**（五）婚嫁习俗**。婚嫁是人生中一件大事。自古婚嫁行六礼，旧时结婚的礼俗特别多。在蚕乡，结婚除通常礼俗之外，还有很多习俗跟养蚕有关。

①拔蚕花。旧时，桐乡河山一带蚕农家女儿出嫁时，临上轿前，母亲要从女儿头上拔下一朵蚕花（这朵蚕花可能是轧蚕花时从含山等庙会上请来的）。并将这朵蚕花放在自家灶山上，俗称"拔蚕花"。这种习俗的寓意是：不让娘家的蚕花喜气被女儿带走。拔蚕花时，喜娘还会吟唱一首蚕歌："拔朵蚕花装个巧，巧巧一朵金花好，巧巧两朵银花好，留下一朵蚕花好……"

②撒蚕花。桐乡百桃一带蚕农家办婚事，在新娘接至新郎家门口时，新郎家人须向四周撒一些钱币和糖果，俗称"撒蚕花"（亦称撒蚕花铜钱）。撒蚕花时，喜娘还要吟唱一首《撒蚕花》蚕歌："新人来到大门前，诸亲百眷分两边，取出银锣与宝瓶，蚕花铜钿撒四

撒蚕花（徐春雷摄）

面……"这种仪式，从形式上看，跟传统的婚嫁"撒帐"仪式很相似。撒帐时，撒一些花生、红枣，并演唱《撒帐歌》。不同的是，传统的"撒帐"仪式是在新郎新娘拜过天地进入洞房之后才举行。而"撒蚕花"则是在新娘刚接来尚未进门时进行。再从所唱内容上看：《撒帐歌》多为"早生贵子"、"多子多福"等祝颂生育之词。而《撒蚕花》则主要祝福新人"今年要交蚕花运"，"蚕花茂盛廿四分"。可见，"撒蚕花"是蚕乡特有的一种习俗。

③接蚕花盆。桐乡梧桐、屠甸、濮院一带蚕农家婚嫁时，流传"接蚕花盆"的习俗。所谓"接蚕花盆"，就是当新娘接到新郎家大

接蚕花盆（徐春雷摄）

门前，首先给她吃一碗糖茶，喻意今后生活甜甜蜜蜜。接着用一只圆形的果盆，里面盛满大米，米中插上两支点着的红蜡烛。然后由新郎（坐在门里）和新娘（坐在门外）两人面对面捧住插烛的果盆，在喜娘或乐人的吟唱声中，新郎和新娘一起捧住这只果盆，走进厢屋，将盆交到里面婆婆的手里，婆婆接过蚕花盆藏入里屋，接蚕花盆仪式即算结束。插在果盆中燃烧着的两支红烛，象征着一对"蚕花"。在这新婚大喜的日子里，婆婆从新人手中接过带着喜气的"蚕花"，寓意将来家中养蚕，一定能像喜娘所吟唱的那样："新人坐在大门前，蚕花双双插罗盆，手捧银罗接蚕花，蚕花茂盛万万千。"

④陪蚕花鸡。过去，桐乡崇福周边乡间蚕农家女儿出嫁时，除了陪嫁衣被、家具等生活用品之外，还要陪嫁一雄一雌两只鸡，俗称"蚕花鸡"。作为陪嫁品的这对"蚕花鸡"，是经过精心挑选的。首先要身强体健。其次必须羽毛纯净，不掺杂色。雄鸡须是红色，有一根白毛也不行。雌鸡须是橙色或黄色。这对"蚕花鸡"随着新娘来到新郎家，由喜娘拿着交给新郎家人。此时喜娘还要吟唱一首《蚕花鸡》的蚕歌：

> 蚕花鸡一对配成双，夫妻双双入洞房。
>
> 蚕花鸡冠红又红，夫妻恩爱乐融融。
>
> 蚕花鸡嘴尖又尖，夫勤妻俭土变金。
>
> 蚕花鸡，红又黄，养格龙蚕粗又壮。
>
> 龙蚕吐丝结龙茧，龙蚕回春飞凤凰。

这对蚕花鸡陪来之后，新郎家养着，要等到来年蚕茧采好谢蚕神的时候，才可以宰杀。陪蚕花鸡是蚕乡特有的风俗。这对鸡既象征着新婚夫妻相亲相爱，也预祝新娘嫁过来之后，能育出龙蚕，结出龙茧；将来茧中的蚕蛹化蝶成凤，一对凤凰配对后多产卵多孵小蚕，从而获得蚕花廿四分。

⑤经蚕肚肠。桐乡河山一带蚕农家，在结婚的第二天，要举行一个"经蚕肚肠"的仪式。仪式开始前，新郎家在厢屋中央，用四张红漆靠背木椅，背朝外围成一圈。圈中摆一栲栳（柳条编成的存粮

器具），内放一片蚕种纸板，一杆秤，一把竹筷，一朵从含山上请来的蚕花（竹筷代表收蚕工具，蚕种寓意种好蚕好，秤杆象征养蚕称心如意，蚕花寓意蚕花茂盛）。仪式开始，喜娘手持染红的丝绵线，引领新娘和新郎围绕椅子盘旋，边盘边将手中的红色丝绵线绕在椅子靠背上，俗称"经蚕肚肠"。

 喜娘在引领新人盘旋绕线的时候，还要吟唱《经蚕肚肠》蚕歌："第一转长命百岁，第二转成双富贵，第三转连中三元，第四转四季发财，第五转五子登科，第六转六六大顺，第七转七世团圆，第八转八仙祝寿，第九转九子九孙，第十转十享满福。蚕肚肠要经得匀，年年蚕花廿四分。"

经蚕肚肠（张新根摄）

河山肖庄村褚林凤（1930—　）已经做了几十年喜娘。她告诉笔者，所谓"经"，就是"缫"的意思。经蚕肚肠意即"缫蚕丝"。旧时，蚕农养蚕采下蚕茧，不是出售茧子，而必须先用土丝车缫成土丝，然后出售土丝。故蚕乡女子不但要学会养蚕，还要学会缫丝。蚕乡所流行的"经蚕肚肠"习俗，其用意就是祝愿刚进门的新媳妇，将来养蚕、缫丝都能称心如意。

**（六）丧葬习俗。**丧葬习俗源于灵魂不死的观念。古人认为，人死后只是肉体的消亡，其灵魂还存在。灵魂在人死后会离开人体，到所谓的阴曹地府去生活。他还会随时随地关心着自己后代的生产、生活。蚕乡的有些丧葬习俗，就是在这种观念中形成的。

①丝绸盖面。在蚕乡，人死后，家人先得将死者床上的帐子拆除。据说，这样死者的灵魂才能出去。接着由家人为死者净身，并穿上事先准备好的寿衣。然后将尸体移至厅屋的停尸板上。这时，得用一块一尺见方的白绸（也有用丝绵）盖在死者脸上，俗称"盖面"。其他地方盖面常用白布或白纸，但在这里则用丝绵或白绸盖面，这是蚕乡的习俗。

②讨蚕花。尸体停放一至两日后，就要放入棺材之中（如今火葬不用棺材），俗称"入棺"。入棺之前，除了请和尚道士念经拜忏，或者请老太太们念佛之外，蚕乡还有一个特殊的风俗，就是"讨蚕花"。所谓"讨蚕花"，就是在遗体入棺之前（躺在停尸板上），死者

的一些晚辈，如儿子、女儿、孙子、外孙等，夫妻二人带上一些丝绵（用蚕茧剥制成的丝絮），来到死者身旁。两人分立遗体两边，面对面用手扯松一部分丝绵（留下一部分），蒙盖于死者身上。一对一地扯着、盖着，从头部一直盖到足部。在扯蒙丝绵的时候，有一死者的平辈（女性），在死者旁边不断地吟唱《讨蚕花》蚕歌，祈求死者保佑晚辈们今后养蚕能取得好收成。歌中唱到：

> 手扯绵兜讨蚕花，
>
> 亲人阴灵来保佑。
>
> 保佑手捏鹅掸龙蚕，
>
> 筐筐龙蚕廿四分。
>
> ……

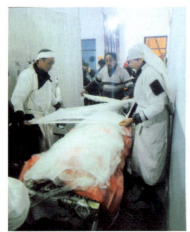

讨蚕花（徐春雷摄）

扯丝绵留下的那一部分称作"蚕花绵兜"，各人收好带回家去，留着自家小孩翻棉衣用。据说，这种"蚕花绵兜"带有死者的灵气，翻成棉衣穿在身上，可以消灾辟邪，保佑小孩健康平安。

③盘蚕花。举行过"讨蚕花"仪式之后，死者遗体由其子

孙捧头抬脚放入棺材之中。接着，死者的晚辈及亲属，走到棺材旁边，要向死者作最后的告别。此时，每人手持一支点燃的蜡烛，按照长幼辈分，依次列队围绕棺材盘绕三圈，口中默默祷告，祈求死者保佑蚕花廿四分，俗称"盘蚕花"。这也是蚕乡一种特有的习俗。盘过蚕花之后，各人将手中蜡烛吹灭带回家中，留作将来养蚕照明之用。据说，举行过"盘蚕花"仪式之后，死者亡灵就会保佑家人养蚕取得好收成。

## [叁]蚕乡岁时节令习俗

含山轧蚕花是蚕农在蚕忙到来之前，利用清明这个传统节日开展的祭祀蚕神的民俗活动。其实，蚕农对蚕神的信仰祭拜，也贯穿于全年各个岁时节令之中。蚕乡的一些重要节日，无不包含"蚕花"的内容。

**（一）春节蚕俗。**春节期间，祭拜蚕神是不可缺少的。但这次祭拜并非单独拜请蚕神，而是跟办年酒请客人一样，统一拜请。即在厅屋中设一八仙桌，立起"六神牌"（牌上画有各路神仙）进行祭请。

按旧俗，农历正月初一是禁止扫地的。因为人们担心扫地会将新年迎来的喜气扫掉，不吉利。初二开始可以扫地，但不可从内向外扫，必须从外向内扫，寓意将蚕花喜气扫进来，俗称"扫蚕花地"。这期间，有些民间艺人，为迎合主人的心理需要，手执一把稻草扎成的扫帚，到蚕农家门口"扫蚕花地"。他们边扫边唱：

手捏扫帚扫上门，蚕花越扫越茂盛。

一扫扫到摇车边，摇出纱来细稠稠。

二扫扫到猪棚头，养只猪猡像牯牛。

三扫扫到羊棚头，养只羊来像白马。

四扫扫到蚕房门，蚕花要采廿四分。

　　主人听了这些大吉大利的吟唱，心里十分开心，会赠给民间艺人一些年糕或白米，以示感谢。

　　正月十三日前后，蚕乡还有请厕姑的习俗。"乡村妇女召厕姑卜一岁吉凶田蚕丰耗。"（《光绪石门县志》）所谓厕姑，原为古人所奉主管厕所之神。但至唐宋之后，"虽名为厕神，实非主厕事，世人谓其能先知，多迎祀于家，占卜诸事。或亦谓其为蚕神。"（《中国民间诸神》宗力、刘群编著）蚕乡妇女迎请厕姑（亦称三姑）就是为了占卜今年蚕桑的丰歉。迎请时，取一只竹编的米淘箩，箩口边插一根竹筷，扣在桌上米盘内，戴上女帽、插一朵蚕花。接着由两位蚕姑，分立两边，各人以一食指托住箩口边操作占卜。如果淘箩能叩动，证明三姑已经请到了，接着便可求问今年蚕桑之事，以叩动次数来预卜今年蚕花的好歹。因为是用淘箩作灵物，所以也称"请淘箩娘子"。其实这些都是迷信之举，是古代灵物崇拜的遗风，现已被废弃。

　　正月十五日为元宵节，蚕乡除了迎花灯、走桥、吃汤圆之外，还有"烧田蚕"的习俗。所谓"烧田蚕"，就是在正月十五日晚上，蚕农

们将事先用稻草或甘稞扎成的草把点着, 然后举着这些火把, 到自
家的稻田和桑地旁边奔跑。边跑边挥甩火把。若在田边地角见到枯
残的稻根或桑枝及茅草, 就用火把上的火将其点燃烧尽。挥甩火把
时, 有人还要吟唱田歌:

> 甩火把, 烧田蚕, 烧过田蚕大发财。

> 火把甩过东, 五谷丰登谢田公。

> 火把甩过西, 万事如意好运气。

> 火把甩上南, 张张蚕种出龙蚕。

> 火把甩落北, 亩亩要收三石六。

用"烧田蚕"的方式来祈求五谷丰登和蚕花茂盛, 看起来好像
很可笑, 但实际上这种刀耕火种时代流传下来的风俗, 还是含有一定
道理的。农民都知道, 田头地角残留的那些枯枝败草中, 可能存有不
少害虫及其虫卵。如果将它们烧成灰烬, 不仅可以消灭虫害, 而且还
能化灰为肥, 这不正是对田稻和蚕桑的丰收有好处吗?

**(二)清明蚕俗**。桐乡有句俗语:"清明大如年。"蚕农为何将清
明节看得比年节(春节)还重要呢? 因为在蚕乡, 清明节有很多习俗均
跟蚕桑有关。含山轧蚕花、芝村龙蚕会、双庙渚蚕花水会、乌镇香市,
这些规模较大的蚕花庙会民俗活动, 都是在清明节期间举行的。

清明节上一天晚上俗称清明夜。清明夜有很多习俗跟养蚕有
关。比如清明夜饭中必吃的各种"蚕花菜"等。另外, 桐乡崇福地区

蚕农家，清明夜还有"听声卜蚕"的习俗，俗称"听叶势头"。桑叶是蚕宝宝的粮食，桑叶的好歹对蚕茧的收成有很大影响。为此，蚕农往往在清明夜用"听叶势头"的方法来占卜今年桑叶的长势和蚕茧的收成。这天晚上，当家人在灶上一只铁锅内放满水，取一汤罐（灶边利用余热烧水的小铁罐）镬盖浮于水面，再取下灶山上的灶神马幛，置于汤罐镬盖之上。接着由当家人用手拨一下汤罐镬盖，任其在水上转动，待其停止后，派人顺着灶神马幛头部所指方位向门外走去，直到听到一种声音才可返回。然后根据所听到的声音，预卜今年桑叶和蚕事的好歹。如听到的是狗叫声"汪汪汪"（旺旺旺），即预示今年桑叶和蚕事兴旺。若听到是羊叫声"咩咩咩"（没没没），则预示今年叶势和蚕事不佳。这可能也是古代灵物崇拜的遗风。这种迷信做法，新中国建立后已废弃。

桐乡炉头、百桃等地，清明夜还有请"蚕花土地"的习俗。所谓"蚕花土地"，是蚕农幻想之中的一位管蚕桑的土地神。请时，将住宅大门关闭，也不用案桌，只在厢屋地上摆一只竹筛，筛内插6个柴哥哥（稻柴扎成的草人），摆上6副酒盅和筷子，供上一块肉、一条鱼、一个鸡蛋（代鸡），点上香烛，然后进行祭拜。请蚕花土地的蚕农，一般都是上一年蚕宝宝有病收成不好的人家。其目的是祈求"蚕花土地"保佑今年蚕儿无疾无病，蚕花丰收。这是蚕农神灵崇拜的另一种表现，如今已极少见。

　　蚕农们一方面幻想出马鸣王、蚕花五圣、蚕花土地等蚕神来进行祭拜，祈求蚕神保佑其蚕花丰收。另一方面，在宗教的影响下，又觉得冥冥之中还有一种所谓"白虎星"那样的凶恶鬼神（蚕农称其为"蚕祟"），在暗中作祟。如果不将这种蚕祟消除，蚕宝宝就会多病多灾，于是就形成了清明夜驱蚕祟的习俗。据《光绪桐乡县志》记载："清明前一日……是夜，育蚕家设祭禳白虎，门前画石像弓矢，驱蚕祟也。"旧时，清明夜，蚕农家（特别是上一年发生过蚕病的人家），定要进行驱赶蚕祟的活动。人们调成一桶石灰水，先用石灰水在门外地上画一把弓箭，又在大门两边挂一支桃枝，并在门口横系一根左转草绳，以此来驱拦蚕祟，镇鬼辟邪。

（三）**端午蚕俗。**在蚕乡，端午节除了吃粽子、食五黄（黄鱼、黄鳝、黄瓜、雄黄酒、咸鸭蛋黄）、挂三草（艾蒿、菖蒲、大蒜头）之外，还有"贴蚕符"、"佩茧花"等习俗。据《光绪桐乡县志》记载："五月俗称恶月，多禁忌，僧道挨门送符，贴于门堂以辟邪。"据安兴蚕农陈进学告诉笔者，过去当地寺庙中的和尚和道士，每年端午节都要向蚕农家赠送所谓"关子"和"蚕符"。和尚所送"关子"为一张16开大小的红纸，上面印有农历廿四个节气和"蚕花茂盛"等字样。道士所送"蚕符"是自己用毛笔画在黄纸上的符箓，大小跟和

端午蚕花符

尚送的差不多，但所画内容大家都看不懂，只知道这符能辟邪，驱蚕祟，对养蚕有好处。蚕农对送蚕符的和尚道士很感激，待蚕茧采好之后均要给他们送上一二只丝绵兜和半升笭大米，以示感谢。

所谓"佩茧花"，就是端午节这天，蚕乡的妇女，要用黄色或白色的蚕茧，剪制成花，佩戴在小孩身上。按季节，春蚕一般在农历三月下旬开始饲养，到四月下旬即可采茧。这样，五月端午节正是蚕花收获的时候。蚕娘们用刚采下的新鲜蚕茧剪制成"茧花"，给小孩佩戴，含有庆贺蚕花丰收的寓意。正如清代濮院诗人朱廷琛

在一首《蚕花歌》(竹枝词)中所称:"乡邻姐妹各成群,新样钗钿压鬓云;当得今年蚕信好,大家都剪茧花分。"

也有的地方,用刚采下的蚕茧剪绘成老虎佩戴在小孩身上,这是"以虎降毒"习俗的延伸。桐乡历来在端午节给小孩戴虎头帽穿虎头鞋的习俗。有的还要在虎头帽上用彩线绣上五种毒虫(蝎子、蜈蚣、毒蛇、壁虎、蛤蟆)。据说,古人视虎为兽中之王,认为它能降服百兽百虫。将"五毒"绣在虎头帽上,戴在小孩头上,可以借虎威降服"五毒",保护小儿安康。而用蚕茧剪绘成老虎佩戴在小孩身上,其用意跟戴虎头帽相似,也是为了降毒消灾。

**(四)七夕绸俗**。农历七月初七为七夕节,又称乞巧节(今称情人节)。乞巧节源于古代牛郎织女的传说。相传织女是个心灵手巧的织绣能手。桐乡是知名的养蚕、制丝、织绸之乡。桐乡濮院镇是江南著名的古老绸镇。旧时镇上差不多家家设机,户户织绸。所产"濮绸"闻名海内外,人称天下第一绸。丝绸之乡的广大织绸机手,信奉天上的织女为织绸的机杼之神,慢慢便形成了七夕祭拜杼神的习俗。正如清代濮院诗人沈涛在一首诗中所称:"最是机坊乐事真,年年巧节赛机神。濮绸故自侬家产,旖旎风光到处春。"每年农历七月初七晚上,镇上的丝绸织手们,在家中庭院内设一张案桌,摆上桃子、李子、西瓜、菱藕等新鲜水果,燃点香烛,祭拜杼神,祈求织女传授织绸之巧。祭请过织女的水果称"巧果"。人们将这些巧果在庭院

七夕请织女

露放一夜，让其承受织女的神仙巧气，然后再分而食之，俗称"吃巧果"。据说，吃过这种"巧果"之后，织手会变得更灵巧，织起绸来既快又好。

在崇福、石门一带，乞巧节除了拜请织女之外，还流传有"赛巧手"的习俗。据清光绪《石门县志》记载："七月七夕，陈瓜果于庭，儿女对月穿针，曰乞巧。"七夕之夜，人们在拜请过织女之后，还让女孩子们拿着针和丝线，在如眉的月光中比赛穿针。谁穿得快，谁乞得的灵巧就多，将来在绸衣上绣花就能绣得更好。"赛巧"虽是女孩子们的玩意儿，但有时男孩子也参加。艺术大师丰子恺小时候"也来效颦"。

**（五）重阳绸俗。**农历九月初九是传统的重阳节。重阳节各地有登高、赏菊、吃糕的习俗。但在桐乡濮院镇，除赏菊花、吃重阳糕之外，还有请机神吃增智饭的习俗。濮院镇是江南有名的绸镇。明清时期，全镇几乎家家摆有绸机，有"日出万绸"之说。各个织绸的机户，为了祈求神灵保佑，往往在九月九日前后祭请机神，并在重阳节这天烧食赤豆糯米饭，俗称吃"增智饭"。据说，重阳节吃了增智饭，织手就能强身增智，织起绸来心灵手巧。其实，赤豆糯米饭并不能增什么智，耐饥倒是有一定作用的。因为到了农历九月，织绸进入旺季，织工常常要开夜工织绸。织绸织到夜很深，若是吃一般的食品，不一会儿就会饥肠辘辘，如果吃赤豆糯米饭就很耐饥，所以慢慢就形成了重阳节"吃增智饭"的习俗。

**（六）腊月绸俗。**桐乡濮院镇素有绸乡之称。绸乡织户信奉织女为机杼之神，每年农历七月初七之夜要祭拜杼神织女。除此之外，他们还崇信机神褚载。所谓机神，就是织绸所用绸机之神。据《杭州府志》记载："褚河南之孙褚载，得机杼之巧，于广陵归而教其里中，于是机杼甲天下。宋至道元年，始于杭置织务，至今未改。杭人立机神庙祀之。"褚河南即唐代大臣、书法家褚遂良，出生于杭州。唐高宗时任吏部尚书，封河南郡公，人称褚河南。杭州的丝绸织户认为褚遂良之孙褚载对杭州的丝绸织造业有功，就奉其为绸机机神，并建庙供奉。濮院镇上的织绸和卖绸之户，认为本镇的丝绸业也始于宋元之际，跟杭州也有一定关系，于是也信奉褚载为机神（当地称云机土地），并于镇上翔云观内增设机神殿，供奉机神褚载。每年腊月还要举行待神仪式，祭拜机神。

　　1994年春天，83岁的老绸工朱洛英告诉笔者，他九岁时（民国九年即1920年）曾在本镇亲戚吴昌年（永隆绸庄老板）家看到过这种待神活动。绸庄老板为了摆阔气，这次待神活动排场很大。待神往往按请来的神仙多少设筵。吴昌年家这次设了十一筵，请了包括机神在内的100多位神仙（从纸马店中买来100多幅神仙马幛）。邀请了数十位至亲好友。被邀客人一般只送礼不送钱（老板不缺钱）。但所送礼品必须寓意吉利。比如有的送两只带脚爪的蹄膀，俗称"如意蹄"，寓意"生意如意"。有的送两只大雄鸡。因雄鸡啼声响亮，寓意"名气响"。有的送一篮皮蛋。因为皮蛋外面的泥是滚包上去的，寓意将来绸庄利润越滚越大。待神那天，家中摆了十一桌神筵，每桌上分别立奉包括机神在内的三界（上、中、下）神仙。供有鸡、鸭、鱼、肉和千张、豆腐干、香菇、木耳，以及各种糕点水果。待神开始，首先由神歌先生（请来主持待神仪式的民间艺人）接神。神歌先生通过吟唱《接神歌》接神，唱一曲接一位。比如接养蚕缫丝神灵时唱："蚕官蚕室蚕命，攀桑采叶二郎，三姑夫人马鸣王，缫丝织绸娘娘，轿子歇在墙门堂，蚕花五圣进厅堂……"各界神接到之后，当家人率全家对所请神仙进行祭拜。拜后神歌先生还要演唱一些赞颂和逗乐神仙的神歌，娱神娱人。最后将所请神仙一位一位捧到宅外焚化，送回原地，待神仪式即算结束。绸庄老板通过待神仪式祭拜包括机神在内的各界神仙，其目的就是为了祈求各界神仙暗中保佑自家的丝绸生意贱买贵卖，越

赞神歌（徐春雷摄）

做越好。正如清嘉庆二十五年（1820年）刻印之《濮川琐闻记》中一首《竹枝词》所言："贱买新丝贵卖绸，暗中托庇仗神庥；今年土地家家大，一片欢声'拽木头'。"

## 含山轧蚕花与传统文化

含山轧蚕花民俗活动，同时展现了很多民间的传统文化，例如蚕桑丝绸传说、蚕花歌谣及谚语，还有民间绘画、剪纸、泥塑、戏曲等。

画蚕花符

请蚕花拜蚕神

背蚕种包

烧头香

# 含山轧蚕花与传统文化

含山轧蚕花是以蚕神信仰为中心支柱的综合性民俗活动。而流传于民间的传统文化则具有多重性格。传统文化既是文化的，又是民俗的。在轧蚕花及其有关的民俗活动中，蚕农所展示的很多民间传统文化，跟蚕神信仰及有关蚕桑丝绸习俗密切相关。比如蚕桑丝绸传说、蚕花歌谣、蚕桑谚语，以及承载蚕俗功能的民间绘画、剪纸、泥塑、戏曲等。了解这些传统文化，可以进一步加深对含山轧蚕花民俗活动的理解。下面分别加以介绍。

## [壹]含山及蚕桑丝绸传说

含山是轧蚕花民俗活动的中心地点。有关含山的传说民间流传颇多。有的说，含山是一只神鸟含来一块石头慢慢变成的。有的说，含山是从地下突然长出来的。有的说，含山是如来佛派大金刚去搬（含）来的。关于含山与蚕神马鸣王（俗称蚕花娘娘）的关系，也有不少传说。现选两则抄录于后。

### 传说之一

#### 含　山

在桐乡县西北四十多里的地方，与吴兴交界处，有一条溪流，叫含山塘。含山塘边有座高高的山冈，叫含山。山上有一座宝塔，叫含山塔。这儿的溪流、山冈、宝塔，都以含山命名，这含山是怎么来的呢？

很早很早以前，杭州西湖四周，并没有那么多的层层山峦。一次，如来佛从西天来东海游览。他到了杭州西湖，只见沿湖四周，绿树成荫，繁花似锦，真是人间天堂，决定在这里给自己修建一个行宫。但又觉得美中不足，西湖只有水没有山，如果能在西湖四周增添一些山峰，那时有山有水，湖山映衬，就更美了。于是如来佛马上传旨，命四大金刚到别处去搬些山来。限他们在一天之内，要搬来一百个山峰，放在西湖四周。那四个天王岂敢违命，立即腾云驾雾，四处搬山。他们东搬一座，西背一座，忙了将近一天，总算搬来了九十七个山峰。但日已西沉，还少三座山，这可怎么办？四个天王在云头里，东张西望，突然发现太湖旁边有三座小山包，准备前去搬动。这时，大金刚对其余三个金刚说："这三个小山包，我一人去就够了，你们三个，搬了一天，够辛苦了，就歇歇吧！"

大金刚来到太湖边，只见三个小山包，两个稍大一点，一个较小。他在两边肩上，一肩扛一个，还有个小山包，就含在嘴里，走了。他把三座山搬到桐乡、吴兴、海宁上空时，突然远远看到西南峨眉山那边，飞来一座小山峰。这小山峰越飞越近，后来竟飞到西湖边落了下来。这下子可乐坏了大金刚。他想，本来还少三座山，现在飞来一座，我这三座山搬去，还可以超过一座。忙了将近一天，实在是筋疲力尽，现在可以喘口气了，只要在天暗之前，将这三座山搬到西湖，就可向如来佛邀功请赏了。想到这里他就把含在嘴里的那座小山包吐了出来，背在两肩上的两座山，也随手东一座西一座放在两旁，准备歇口气再走。谁知搬山在中途是不能歇的，三座山一落地，就在那里生了根，哪怕四大金刚一起来搬，也休想动得分毫。大金刚无可奈何，只好空手回到西湖边。四大金刚没有搬齐一百座山，如来佛一怒之下，把他们罚在大雄宝殿外面看管山门。

大金刚放下的那三座山，一座在桐乡吴兴交界处。因为是大金刚嘴里含来的，就叫做含山。还有两座山，就是海宁硖石的那两座。因为一座放在东边，一座放在西边，所以叫做东山、西山。

（徐春雷搜集整理。选自陈玮君主编的《天台山遇仙记》）

## 传说之二

### 蚕花娘娘三到含山

清明游含山，是我们这一带水乡古老的风俗。从前，游含山的农民背上红绵绸（用土纺丝线织成的绸）包，包里包着蚕种，俗称"蚕种包"，上含山，祭拜蚕神。同时，还要买几朵蚕花带回家去。为什么会有这样的风俗呢？

传说，观音菩萨每年要派蚕花娘娘到蚕乡来巡视，为百姓消灾赐福。有一年清明日，观音菩萨派了蚕花娘娘到含山来。蚕花娘娘脚踏祥云，来到含山上空，看见山上香火袅袅，听见庙内祷告声声。蚕花娘娘落下祥云，变成身穿红衫乌裙，脚穿红鞋的村妇，来到山上观音殿中。只见众多善男信女，上香磕头，求观音菩萨保佑他们蚕花十二分。蚕花娘娘发善心，走上前去，将人们一一扶起，边扶边说："观音菩萨已经知道大家的心愿，今年的蚕花你们一定得廿四分。"果然，这一年凡经蚕花娘娘扶过的蚕农，都得了蚕花廿四分。这是因为蚕花娘娘满身蚕花喜气，被她扶过的人均沾上了喜气，蚕茧自然获得丰收。消息一传开，蚕农们都说，清明日扶蚕农的人一定是蚕花菩萨。

转眼已是第二年清明，含山四周方圆几十里的蚕农，都背了个红绵绸蚕种包上含山，盼望蚕花菩萨扶一扶身子，想求个蚕花廿四分。这一天，蚕花娘娘真的又来了。她在云中低头一望，庙内庙外，山上山下，还有四面八方的旱路水路的人，正在源源不绝地涌向含山。她想，这么多人，哪能个个都扶到？眉头一皱，计上心来。她变作一位当地打扮的村姑，上山又下山，绕山绕了三六九遍，把蚕花喜气留在含山上，想使游含山的人都沾上蚕花喜气。不过，谁知这一年的春蚕，虽然很多人家获得蚕花廿四分，但还有不少人家蚕花平平。蚕花娘娘觉得十分奇怪，原因何在呢？蚕花娘娘一想，哦！含山这么大，我的双脚哪能踏遍寸土地呢？想呀想，终于想出了一个播撒蚕花喜气的办法来了。

蚕桑传说（余仁提供）

第三年清明日，蚕花娘娘扮作卖花姑娘，挽着一篮蚕花，在含山上叫卖。叫卖声又甜又脆，一下子引来了很多蚕农。大家一看，这姑娘漂亮得非凡，蚕花又做得那么亮丽可爱，于是纷纷争着买几朵带回家去。奇怪的是，成百上千的人来买蚕花，这姑娘提篮中的蚕花却永远卖不完。蚕农买了这些蚕花，放在家里，一直到掸蚕时，将蚕花插在蚕匾上，预祝蚕花能得廿四分。果然，这一年凡是买了蚕花的蚕农家里都得到了蚕花廿四分。从此，买蚕花的风俗就流传了下来。至今还是十分闹猛。从前吴兴千金乡塘桥村、石淙乡人一直都做蚕花卖。

蚕花娘娘三次来含山，从此清明游含山轧闹猛的蚕农越来越多，慢慢就形成了"轧蚕花"的风俗。

（选自《蚕乡山海经》费三多著）

关于种桑、养蚕织绸及蚕俗等方面的传说，在蚕乡流传更为广泛。这些传说故事好像跟含山轧蚕花没有直接关系。但是，从这些故事的具体情节中，也可以窥测到跟蚕桑丝绸相关民俗活动的历史渊源及文化内涵。现选录有关传说四则：

## 传说之一

### 桑树干上为啥有疤

我们这一带是蚕桑地区，差不多家家栽桑，户户养蚕。栽培一株能采叶养蚕的桑树，总要三五年时间。说起桑树，还有段故事哩！

据传，宋康王（赵构）南渡的时候，因为后面金兵紧追，随员失散，只好在杭嘉湖一带乡间逃难。当时正是春季，这里到处是茂密的桑林，一根根桑条上，长满桑叶，还结出一串串紫黑色的桑果。他们走走藏藏，藏藏走走，经过一段时间的奔波，康王身边的随从人员剩下没几个了，粮草也已断绝。这天中午，他们路过一片桑林，实在饿得走不动了，就在桑园边的岸滩上歇息。突然，桑园里传出了一阵歌声："开花勿像花，结果勿算果，饥饿难择食，采来填填肚。"康王抬头朝桑园里一看，只见一个白发老人，手挽竹篮，一边采桑果，一边在哼唱。他好奇地问道：

"老公公，这野果采去有何用处？"

老人叹口气答道："没办法，采去当饭吃！"

康王不大相信，又问："这野果也能充饥？"

老人说："非但能充饥，还能解渴呢！"

听说这种果子能充饥解渴，康王立即命几个随从前去采摘。采来一尝，水露露，甜滋滋，味道蛮好。于是他也顾不到什么帝王尊严，便跟随大家一起边采边吃，饱餐了一顿。在以后的一些日子里，康王和他的随从人员，就是靠桑果充饥，才渡过了难关。

后来，金兵北返，康王带领随从人员，定都临安（杭州），号称南宋。从此，他又过起了花天酒地的帝王生活。

这天，康王为了庆贺自己立朝掌政，办起丰盛的酒宴，款待随他南逃的文武百官。席间，他忽然想起野果充饥的事，马上传下圣旨，命当地官员给这种果树挂上金牌，表示谢恩。可是，由于当时大家饥饿难熬，只顾采果充饥，根本没顾上询问果树名称。所以，谁也说不上这种果树的名字。只记得这种果树不高不矮，叶子圆圆的。当地县官接到圣旨，马上寻树加封。他看到一棵椿树长着圆圆的叶子，就稀里糊涂地将金牌挂在椿树身上。椿树自从挂上圣赐金牌以后，趾高气昂，目空一切。见此情景，桑树越想越气，一气竟将肚皮气破了。幸亏给停在桑叶上的野蚕看到了。野蚕宝宝急忙张口吐丝，给桑树包好伤口，这才使桑树的伤口很快弥合。所以，从那时起，桑树和蚕宝宝就结下了缘分。

其他一些树木见椿树无功受禄，冒领金牌，非常气愤，都指着椿树骂："不要面孔，臭臭臭！"从此，臭椿树就叫出了名。而桑树的树干上，则留下了一个伤疤，一直流传到现在。

（徐春雷搜集整理，选自《民间文学集成浙江省桐乡县卷》）

**传说之二**

龙 蚕

很早很早以前，大运河边的王家庄上，有妯娌俩。大嫂是本地人，有一手本领，会采桑养蚕。二嫂是外乡人，去年刚嫁到这里。

这年春天，刚过清明，桑树枝条上就冒出了一眼眼嫩绿的新芽，大嫂收拾好蚕房，又请来了"蚕花太子"，准备养蚕啦。二嫂见大嫂这样，自己也想养，只是什么都不懂，心里很着急。

谷雨过后，养蚕的人家都开始催青收蚁了。二嫂一心想学养蚕，便过去求教大嫂说："大嫂，我在娘家从来没养过蚕，你教教我养蚕的方法好吗？"大嫂心想，哪有这么方便呵！她两只眼乌珠滴溜溜一转，心生一计，装出诚心教她的样子说："养蚕并不难，就是收蚁要留心。你回去只要将蚕种放在汤罐镬子里沉一沉，然后用被头焐三天三夜，小蚕就孵出来了。"二嫂信以为真，就按大嫂的吩咐去做。可是，一天、两天、三天过去了，翻开被头一看，那张热水泡过的蚕种，灰黄一片，没有一条蚕的影子。二嫂担心起来，连忙去问大嫂，可是大嫂连门槛也不让跨进，说什么她家请过"蚕花菩萨"，陌生人走进去，蚕花要被冲掉，蚕儿就养不好。二嫂无可奈何，只得回家再用被头焙。又焙了三天三夜，还是不见小蚕出来。二嫂气极了，打算将这张蚕种塞到灶洞里烧掉。当她正要塞进去烧的时候，突然发现那张蚕种纸板角上，有一个菜籽那么大的小黑点在蠕动，仔细一看，正是一条蚁蚕。原来，蚕种放到汤罐镬子里浸的时候，手捏的那只纸板角没有浸到，这是幸存下来的一条蚕。这时，二嫂有说不出的高兴，连忙把这条小蚕收到蚕匾里。就这样，二嫂也开始养蚕了。

二嫂没养过蚕，不懂养蚕技术，她就学大嫂的样子做。大嫂采叶，她也采叶，大嫂喂蚕，她也喂蚕；大嫂生炭火盆加温，她也生炭火盆加温。她日夜守在蚕房，像抚育婴儿似地照管着蚕宝宝。时间过得很快，转眼七天过去了。蚕儿日夜长大，吃叶也越来越多。本来采叶用竹篮子，现在要用叶篰了。每天都见二嫂背着一篰篰桑叶回家，大嫂猜疑起来：她采那么多叶做啥？这天夜里，大嫂偷偷地摸到二嫂蚕房边。二嫂因为日夜忙着采叶喂蚕，有些疲倦，靠在蚕台上睡着了。大嫂轻轻推开一扇门，伸进头去一看，不禁大吃一惊：只见二嫂的蚕房当中，躺着一条又大又白的蚕宝宝。这条蚕儿有条凳那么长，廊柱那么粗，浑身雪白油亮，头顶上还生着一对触角，头微微昂起，正在大口大口吃着桑叶。大嫂心想：哟！这一定是条"龙蚕"呢。从前曾经听老人说过，龙蚕很大很大，谁家出了龙蚕就要发，这下子二嫂可要发财啦！她越想越烦恼，越想越妒忌，心中在暗暗埋怨：蚕花菩萨没良心，吃了隔壁谢对门，龙蚕不送到我家来……她想着想着，眉毛一拧，嘴巴一撅，忙去找来一根麻绳子，趁二嫂熟睡着，用麻绳套住大蚕的触角，想将它拉到自己家里。但左拉右拖，那大蚕照常吃叶。她见大蚕不肯移动，急了起来，便将麻绳朝腰里一缠，两脚撑住门槛，牙齿一咬，头朝前，使尽全身力气向外拖。就在这时，那大蚕突然将头一甩，套在触角上的绳子一滑，大嫂跌了个"扑跟跤"，跌得鼻青眼肿。她唯恐将二嫂吓醒，不敢叫一声痛，连忙拖着麻绳溜了回去。

从这以后，大嫂一想起那条大蚕，心里总有说不出的滋味。一天中饭过后，她趁出外采叶的机会，有意挨近二嫂，试探地问："二嫂，你家的蚕宝宝上山做茧子了吗？"

二嫂回答说："没有呀！"

大嫂装成为难的样子说："我家的蚕宝宝倒是好上山了，可是……"说着叹了口气不说下去。

"可是怎么样？"二嫂关心地询问。

大嫂又假惺惺地说："蚕宝宝要吃了催眠药才肯上山做茧子，可这几天我实在抽不出时间出门。"

"怎么？蚕儿上山还要吃催眠药？"二嫂好奇地问，心里想：怪不得我家的蚕儿那么大还不肯上山做茧子，原来没有给它吃催眠药。现在既然大嫂没工夫去买药，我何不代她去买一下呢，况且自己也需要，于是便询问了这种药名和喂药的方法。

大嫂告诉她说，这种药叫白砒，买来之后，用水泡了洒在桑叶上，蚕儿吃了很快就会吐丝做茧子。

二嫂就按大嫂说的去做了。谁知那大蚕吃了这种药之后，桑叶也不吃了，一动不动地躺着，身上的皮肤也慢慢枯萎，像死了一样。二嫂趴在大蚕身边哭了三天三夜。说也奇怪，到了第四天，那蚕儿脱了一层皮，又动起来了，长得比以前更大了，皮肤比以前更嫩了，吃起叶来也比以前更多了。这样，二嫂又忙碌起来。她每天天不亮就出去采叶，回来马上喂蚕，有时连饭也顾不上吃。大嫂这几天特别注意二嫂的行为。她见二嫂仍然整天忙着采叶喂蚕，又猜疑起来：难道那条大蚕还没有被砒霜毒死么？

又过了好几天，眼看蚕宝宝就要上山结茧子了，大嫂对二嫂的妒意越来越深。这天夜里，更深人静，大嫂将自己家里已经熟了的老蚕，捉上了山，便急忙从纺车上取下根锭子，往袖子里一塞，又偷偷摸摸地来到二嫂家蚕房边。她先在窗口张望了一番，见到那条大蚕安然地在那里吃叶，二嫂正倒在一堆蚕毛柴上呼呼大睡。她偷偷隐进蚕房，立即从袖管里抽出锭子，朝那大蚕头上狠狠戳了一锭子。那蚕痛得直甩头。接着她又在大蚕屁股上戳了一锭子，只见大蚕扭动了几下便不动了。她怕大蚕还没有死，又在它身上戳了几十下，戳得蚕儿遍体窟窿，这才得意地离开了二嫂的蚕房。

大嫂回到家里，见自己蚕房的"柴龙"上，爬满了又白又壮的蚕宝宝，发出一片窸窸窣窣的声音。看到这些，她很兴奋，躺在床上还在幸灾乐祸地想：要不了几天，这满屋都是雪白雪白的茧子，二嫂蚕房里会有点啥呢……想着想着便睡着了。半夜以后，她模模糊糊地听得唢呐声夹着哭泣声，好像谁家在出丧……这一夜翻翻腾腾，做的全是恶梦。

第二天清晨，大嫂走到蚕房里一看，猛吃一惊：原来昨夜已经上山的蚕宝宝，一条也不见了，只留下一条条空空荡荡的"柴龙"。她再跑到二嫂家蚕房里一看，只见"柴龙"上，墙壁上，窗棂上，到处结满了雪白雪白的茧子。特别是蚕房当中的那个大茧子，更是显眼，好像一只大冬瓜。她看着看着发了呆，突然，只觉得眼前一黑，便倒在地上。

为什么二嫂家一下子有那么多蚕茧呢？原来二嫂家养的那条大蚕是"龙蚕"。龙蚕是蚕中之王。当它被凶残的大嫂戳死后，它的家族——小蚕，便从大嫂家赶来为它吊丧送葬，并吐丝作棺为它收殓。收殓好龙蚕，小蚕也都吐丝作茧自缚而死。据传，现在蚕宝宝所以眠一次脱一次皮，就是因为当时吃了大嫂的砒霜；身上的一个个斑点，就是大嫂用锭子戳后留下的伤疤哩。

（徐春雷搜集整理，选自《中国民间故事集成》）

## 传说之三

### 海内争夸濮院绸

"宋锦人传出秀州, 清歌无复用缠头, 如今花样新翻出, 海内争夸濮院绸。"

这是古人赞美濮院丝绸的一首诗。濮绸是我国历史比较悠久的丝绸之一, 跟杭纺、湖绉、菱缎并称江南四大名绸。它织工精美, 面料细密, 柔软爽滑, 坚韧耐磨, 具有风吹不折, 晒不褪色的特点。据说, 清朝宫廷所用黄龙旗, 就是采用濮绸制成。

濮院丝绸业起始于南宋, 兴盛于明清。全盛时期"四乡皆闻机杼之声", 有日出万绸之说。濮院丝绸业何以兴旺? 据传, 跟刘伯温有点关系。

刘伯温本是青田县山村里一位读书人。元朝末年, 义军首领朱元璋得知他足智多谋, 算计超人, 便派人请他出山。刘伯温自从担任朱元璋军师之后, 尽力为其出谋划策, 辅佐前后。

一次, 刘伯温随义军转战, 路过永乐市(濮院古称)。他在市上走了一圈, 见此镇地形呈圆, 四周环水, 好似一张荷叶铺盖池面。"神州难得荷叶地, 他日定会显真龙。"这是一块风水宝地啊, 将来可能要出真龙天子。他想, 如果永乐市出了真龙天子, 岂不要与未来的大明皇帝朱元璋争夺天下? 他便想方设法要破掉这块宝地的风水。

这一天傍晚，他在永乐市棋盘形的街道上闲游，见小巷中一户人家，正用铁耙在家中翻坑安装织绸的绸机。他立即心生一计：如果让永乐市的千家百户都来翻坑安装绸机，不就等于在这块荷叶地上打上千百个窟窿？荷叶洞碎，宝地也就自破了。想到这里，他非常得意，随即吟诗一首："鸳湖西隅古梅泾，晋濮驸马筑庭院，荷叶棋盘珍珠漏，大明江山永千秋。"这首诗的意思是说，永乐市地处鸳湖（嘉兴）西面的梅泾河畔，是南宋时濮凤驸马构筑庭院的地方。如果在这块荷叶地的棋盘街上，到处挖上洞坑，这块地上的宝气（珍珠）就被漏掉了，日后朱元璋的大明江山就能永远保持下去。

后来，他便通过各种方法，怂恿濮院居民，家家挖坑安装绸机，织造濮绸。这样一来，濮院的丝绸业就更加发达起来。结果，大明江山只维持了276年就灭亡了，而濮绸却名誉海内，流传千古。

(徐春雷搜集整理，选自《蚕乡的传说》)

## 传说之四

### 望蚕讯

"秧凳、箬笠、拔秧伞，黄鱼、鲜肉、鰯鲞篮，枇杷、梨子、灰鸭蛋，软糕、包子挑一担。"

这是一首流传在桐乡屠甸地区的民谣。民谣唱的是春蚕时节人们望蚕讯所准备的礼物。望蚕讯是蚕乡的一种风俗。即在女儿出嫁后的第一个养蚕季节，由爹或娘带着时新礼物，来到女婿家探望蚕讯。

望蚕讯风俗是怎么来的呢?

相传在很久以前,村上有个名叫阿三的老汉,早先死了妻子,留下一个儿子,日子过得十分凄凉。他看到村里家家养蚕、做土丝,唯独自己家里因为没有蚕娘,养不来蚕宝宝,心里急得直发痒。

日盼夜等,好不容易待到儿子娶媳妇。谁知新媳妇在娘家不曾养过蚕。老汉心里凉了半截。可新媳妇却信心十足,对老汉说:"阿爹,我们也看几张蚕宝宝吧,不会可以向人家学。"就这样,老汉家也试着养起蚕宝宝来。

新媳妇是个勤快、乖巧的人。看人家采叶她也采,见别人喂蚕她也喂。不知不觉地已到了蚕宝宝上簇的时候。老汉左邻右舍走了一圈,看自家的蚕宝宝长得跟别家的一般大小,心里才踏实了。她学着别人家的做法,给蚕宝宝上了簇,并将蚕房的大小门窗全部关紧,再用纸将门缝糊得密不通风。

说来也巧,上簇第二天,新媳妇的亲爹来看女儿了。老汉迎着客人道:"亲家公,难得,屋里坐!"亲家递上礼物,说:"听说女婿家养春蚕,我特意来望望蚕讯。"阿三一听便知道亲家是来探听养蚕讯息的,不由喜上眉梢,忙吩咐媳妇做饭,自己上街打酒去了。

新媳妇娘家过去没养过蚕,亲家公未见过蚕的模样。他趁女儿在灶间忙碌，独自来到蚕房，打开边窗，看了个仔细，临转身时，窗门也忘了关上。直到傍晚，阿三送走亲家，从蚕房前走过，才发现边窗开着。蚕宝宝被风吹了一天，老汉气得有口难言，心中闷闷不乐，只等采茧时再看。

待到采茧那天，老汉打开蚕房门窗一看，只见蚕簇上一片雪白，茧子又大又结实，比左邻右舍人家都好。人们都说："阿三老汉家蚕花丰收，准是跟他亲家望蚕讯有关。"从此以后，望蚕讯的风俗习惯便传开了。

望蚕讯的时间一般都放在采茧之后，即在光拳（桑叶采光）、白茧（茧子采好）、丝车转（开始缫土丝）的蚕罢时节。因为这时比较空闲，有时间做客。同时，也有慰问辛劳的意思。那么望蚕讯为何要送秧凳、箸笠、拔秧伞呢？这是因为蚕乡禁忌较多，秧凳音似"殃钝"，不吉利；秧伞音似"养散"，与团圆对立。这些东西不可在女儿出门时陪过去，只能在出嫁后蚕罢季节望蚕讯时带去。

（陈泰声等收集，徐春雷整理，选自《蚕乡的传说》）

## [贰]蚕歌、蚕花戏及蚕桑谚语

### （一）蚕歌

在含山轧蚕花及相关的民俗活动中，人们不难发现，伴随这些民俗活动的展现，蚕农往往会吟唱一些有关的民间歌谣（蚕乡人称其为蚕歌）。这些蚕歌，内容广泛，丰富多彩。有的是介绍蚕神马鸣

王来历的；有的是蚕桑生产过程的记述；有的是对蚕花丰收的向
往；有的是对美好生活的追求。下面选录几首具有代表性的蚕歌。

## 蚕歌之一

### 蚕花谣

马鸣王菩萨坐莲台，到侬府上看好蚕。

马鸣王生在啥所在，生在东阳义乌县。

马鸣王要吃啥素菜，要吃千张豆腐干。

清明一过谷雨来，谷雨两边要看蚕。

当家娘娘有主意，蚕种包好放在被里面。

隔了三天看一看，布子上面绿茵茵。

当家娘娘手段好，鹅毛轻轻掸介掸。

快刀切叶金丝片，引出乌娘万万千。

头眠眠得崭崭齐，二眠眠得齐崭崭。

火柿开花捉出火，楝树开花捉大眠。

大眠捉得真正好，连夜开出两只买叶船。

一只开到许村去，一只开到庄婆堰。

昨日价钱三千六，今朝贱掉一大半。

难为一摊老酒钿，船里装得满堆堆。

拔出篙子就开船，顺风顺水摇到桥塉边。

毛竹扁担两头尖，一肩肩到蚕房边。

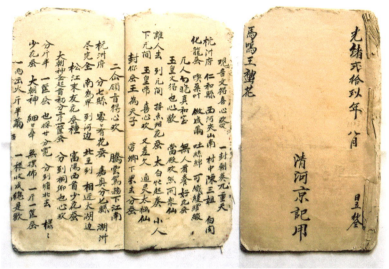

　　当家娘娘有主意，攀根桃枝鞭介鞭。

　　喂蚕好比龙风起，吃叶好比阵头来。

　　龙蚕看到五昼时，搭起山棚好上山。

　　前屋后屋都上到，还有三埭小伙蚕。

　　上来上去没处上，只好上在灶脚边。

　　隔了三天看一看，好比十二月里落雪天。

　　小的茧子像汤圆，大的茧子像鸭蛋。

　　合家老少一起来，茧子采了几十担。

　　三十六部丝车两行摆，敲落丝车把船开。

粗丝要往杭州送，细丝要往湖州载。

银子卖了几百两，眉花眼笑回家转。

一个存心办嫁妆，一个想要楼房盖。

今年蚕花收成好，全靠马鸣王菩萨到门来。

（讲唱者：浦炳荣、王仁龙［花鼓戏艺人］，采录整理：徐春雷，选自《桐乡蚕歌》）

## 蚕歌之二

### 采桑歌

日出东方红堂堂，姐儿房中巧梳妆。

双手挽起青丝发，轻移菱步出绣房。

娘见女儿出绣房，叫声阿囡去采桑。

姐儿心想会情郎，采桑正是好时光。

叶箪一只肩上挂，脚底擦油出厅堂。

三步并做两步走，来到村外桑园旁。

东一张来西一望，望见情郎在挑秧。

叶箪挂在桑枝上，手甩包巾招呼打。

情哥有心会阿妹，立刻来到妹身旁。

三日未曾能相见，相隔好似九秋长。

排排豆梗当围墙，密密桑叶作纱帐。

绣花鞋子当枕头，玄色衣衫挡一旁。

满地青草铺眠床，桑园正好做洞房。

恩爱之情难言表，风风雨雨配鸳鸯。

野桑园里偷情郎，心似打鼓有点慌。

青骨田鸡猛一跳，疑是有人过路旁。

鹁鸪拍翅来飞过，怕是有人来探望。

急急匆匆来分手，各自东西走得忙。

姐儿藏进桑园里，情哥回头去挑秧。

急急忙忙桑叶采，娘亲面前好交账。

草草勒得几把叶，背起叶篰回蚕房。

娘见女儿回蚕房，神色勿对有点慌。

看看叶篰浅绷绷，悄悄开口问端详：

为啥头发乱荡荡？为啥花鞋湿了帮？

头发桑条多擦碰，花鞋露水来沾上。

为啥裙上有血色？衣衫有泥叶篰脏？

阿囡休要嘴巴犟，瞒你参参休瞒娘。

参参得知难饶你，娘知息事好商量。

姐儿定神细思量，私情总要瞒参娘。

借口采桑腰酸痛，转身即刻回绣房。

（讲唱者：高宜标［三跳艺人］，采录整理：徐春雷，选自《桐乡蚕歌》）

## 蚕歌之三

### 腌　种

腊月十二蚕生日，

家家腌种不偷闲，

有的人家石灰洒，

有的人家松盐腌。

还有人家天腌种，

高高挂在屋廊檐，

通风透气防鼠剥，

不怕日晒不怕寒。

十二日子时来腌起，

腊月廿四卯时收，

收落蚕种掸落盐，

轻轻放在埭里面。

提来一桶春雨水，

百花汤里端介端，

切忌外面日头晒，

半阴半凉自然干。

（讲唱者：李德荣〔神歌艺人〕，采录整理：徐春雷，选自《桐乡蚕歌》）

## 蚕歌之四

### 收　蚁

谷雨收蚕正当时，

家家布子裹棉衣，

三天三夜不离身，

焐出乌娘千万计。

蚕室蚕房并蚕具，

蚕架蚕匾备周齐，

手持鹅毛轻轻掸，

温和天气来收蚁。

小小宝宝似蚂蚁，

嘴嫩体弱步难移，

要采新鲜嫩桑叶，

快刀切叶细如丝。

收蚁之后寸不移，

盆中炭火不断熄，

准时送叶用心计，

夜里安眠不脱衣。

（讲唱者：李德荣［神歌艺人］，采录整理：徐春雷，选自《桐乡蚕歌》）

## 蚕歌之五

### 采　茧

清明一过谷雨临，

家家要想蚕花兴，

兄弟合力石成玉，

父子同心土变金。

头眠眠得齐整整，

二眠眠得匀称称，

大眠捉是几百斤，

并无一个来落沉。

芦帘山棚来搭成，

宝宝上山白似银，

三朝一过赛雪墩，

落山采茧硬丁丁。

细茧个个鸭蛋形，

大茧犹如白天灯，

合家采茧忙不停，

筐筐要采廿四分。

（讲唱者：朱高生［神歌艺人］，采录整理：徐春雷，选自《桐乡蚕歌》）

## 蚕歌之六

### 湖丝阿姐

月落西山天明了，

湖丝阿姐起得早，

喊娘亲先把饭烧，

嗳唷，嗳唷，

喊娘亲先把饭烧。

忽听头波罗唠唠叫，

来了姐妹一大淘，

金弟姐你也来了。

看看钟头五点过，

又听叫了二波罗，

姐妹们都去上工，

嗳唷，嗳唷，

姐妹们都去上工。

左手拿把文明伞，

右手提只小饭篮，

在路上说说谈谈，

嗳唷，嗳唷，

在路上说说谈谈。

从小进了湖丝栈，

打盆做丝茧子拣，

十二点钟放工吃饭，

嗳唷，嗳唷，

十二点钟放工吃饭。

江北阿姐真苦恼，

天天冷饭开水泡，

好小菜一根油条，

嗳唷，嗳唷，

好小菜一根油条。

上海阿姐本领高，

打盆做丝称头挑，

着衣裳真正时髦，

嗳唷，嗳唷，

着衣裳真正时髦。

苏州阿姐路上跑，

滑头麻子来盯梢，

骂一声杀侬千刀。

你看穷爷啥路道，

瞎脱眼睛来胡调，

恨起来打你耳光，

嗳唷，嗳唷，

恨起来打你耳光。

滑头麻子哈哈笑，

叫声阿姐休烦恼，

我有事告你知晓，

嗳唷，嗳唷，

我有事告你知晓。

杭州阿姐卖相好，

管车先生膀子吊，

小房子借在旱桥，

嗳唷，嗳唷，

小房子借在旱桥。

（讲唱者：庄中廷［农民］，采录整理：徐春雷，选自《桐乡蚕歌》）

## 蚕歌之七

### 撒蚕花

（蚕农婚嫁新娘接到门前时吟唱）

新人来到大门前，

诸亲百眷分两边。

取出银锣与宝瓶，

蚕花铜钿撒四面。

蚕花铜钿撒上南，

添个官官中状元。

蚕花铜钿撒落北，

田头地横路路熟。

蚕花铜钿撒过东，

一年四季福寿洪。

蚕花铜钿撒过西，

生意兴隆多有利。

东西南北撒得匀，

今年要交蚕花运。

蚕花茂盛廿四分，

茧子堆来碰屋顶。

（讲唱者：李德荣［神歌艺人］，采录整理：徐春雷，选自《桐乡蚕歌》）

## 蚕歌之八

### 赞田蚕

（蚕农婚嫁拜堂之后吟唱）

宝香一支透天河，

银烛辉煌两灯火，

高堂双双厅堂坐，

新人奉敬盘箍路。

赐福天官厅堂坐，

正乙玄坛骑黑虎，

东厨司命灶山坐，

柴经烧来米又多。

蚕花五圣蚕房坐，

春看花蚕长息多，

蚕种勿包也勿焐，

乌娘引出几升笼。

头眠二眠匆匆过，

九日三眠捉出火，

大眠扩座落地铺，

吃叶好像阵头过。

龙蚕透体上山簇，

结出茧子鸭蛋大。

丝车摆了几十部，

卖丝银子无其数。

田公地母两边坐，

田头地面来帮助，

车水种田省工夫，

每亩要收三石多。

种些芋艿大发棵，

一棵翻了两满篰，

合盘南瓜栲栳大，

单扇门里拿勿过。

肉猪养来牯牛大，

母猪养来像白马，

湖羊养来像骆驼。

公鸡养来九斤多，

母鸡生蛋勿肯孵，

鸡蛋生来鸭蛋大，

打开一个几碗多。

田蚕赞来差不多，

新人要进洞房坐，

夫妻恩爱敬父母，

一家和睦多福禄。

（讲唱者：朱贤宝、朱雪浩［民间艺人］，采录整理：徐春雷，

选自《桐乡蚕歌》）

## 蚕歌之九

### 讨蚕花

（蚕农家办丧事死者入殓时吟唱）

手扯绵兜讨蚕花，

亲人阴灵来保佑。

手捏鹅毛掸龙蚕，

筐筐龙蚕廿四分。

手捏黄秧种青苗，

爿爿田里三石挑。

养只猪，像牯牛，

养只羊，像白马。

出门碰着摇钱树，

进门碰着聚宝盆。

脚踏云梯步步高，

回步捧进大元宝。

（讲唱者：张金兰［农民］，采录整理：徐春雷，选自《桐乡蚕歌》）

## 蚕歌之十

### 赞蚕花

青龙到，蚕花好，

去年来了到今朝；
看看黄蟒龙蚕到，
二十四分稳牢牢。
当家娘娘看蚕好，
茧子采来像山高；
十六部丝车两行排，
脚踏丝车鹦鸪叫，
去年唤个张大娘，
今年唤个李大嫂；
大娘大嫂手段高，
做出丝来像银条。
当家娘娘为人好，
滚进几千大元宝；
上白绵兜剥两肖，
送送外面个放蛇佬。

（讲唱者：倪惠通［农民］，采录整理：徐春雷，选自《桐乡蚕歌》）

**（二）蚕花戏**

过去，蚕农除在生产、生活过程中吟唱蚕歌之外，还要在养蚕前夕请皮影戏班子演皮影戏，俗称演“蚕花戏”。演戏剧目可以多种

多样，但最后必须演一出
《马鸣王》，预祝蚕花廿
四分。最后一出戏演完，
皮影艺人立即将皮影银
幕（桃花纸）揭下，分扯成
巴掌大小若干块（俗称蚕

蚕花戏（余仁提供）

花纸），分赠给村上的蚕农去糊蚕匾。据说，用"蚕花纸"糊蚕匾，可
以得到蚕神送来的龙蚕。皮影艺人演出《马鸣王》时，还要吟唱下面
这首蚕歌：

### 马鸣王送龙蚕

马鸣王菩萨下凡来，到侬府上看好蚕，

马鸣王出生啥所在，东阳义乌小姑村。

爹爹名叫陈百万，娘亲刘氏为诰命，

夫人所生三个女，眉清目秀貌非凡。

大姐二姐配夫官，三姐翠仙未成亲，

爹爹外出陷贼营，三姐拈香许愿心：

谁能救回老父亲，翠仙与他配姻缘。

白马作法腾云起，救回主人陈百万。

三姐应愿配夫君，百万闻知怒气生，

一箭射死后园马，剥下马皮挂厅前。

突然天空狂风起，马皮飞来裹翠仙，

马皮裹走女婵娟，落在桑园化蚕身。

玉帝闻知传旨意，敕封马鸣王为蚕神，

蚕神下凡来保佑，家家蚕花廿四分。

正月过去二月来，三月清明在眼前，

清明夜里吃了齐心酒，谷雨前后要看蚕。

红绸包袱包蚕种，轻轻焐在被里面，

隔脱三日看一看，张张焐种绿茵茵。

左手拿起桃花纸，右手鹅毛轻轻掸，

快刀切叶金丝片，引出乌娘万万千。

看蚕娘娘用心计，日夜守在蚕房边，

三日三夜眠头眠，两日两夜眠二眠。

头眠眠得齐崭崭，二眠眠得崭崭齐，

楝树开花捉出火，梓树开花捉大眠。

大眠捉得筐头多，桑叶有点紧吼吼，

当家爹爹有主意，连夜开出几只买叶船。

一只开到石门去，一只开到庄部堰，

昨日叶价三块六，今朝贱脱一大半。

难为一摊老酒钿，船里装得满堆堆，

拔起篙子就开船，连夜摇到桥洞边。

　　毛竹扁担两头尖，一挑挑到蚕房边，

　　宝宝吃了树头鲜，声音好比大雨天。

　　龙蚕看到五昼时，个个通到小脚边，

　　搭起山棚拉起簇，要将宝宝捉上山。

　　八十公公掇蚕匾，七岁官官掇考盘，

　　山棚地铺都上满，还有几埭小伙蚕，

　　上来上去没处上，只好上在灶脚边。

　　白玉龙蚕盘接盘，巧手弯弯上龙蚕，

　　隔脱三日看一看，满棚洁白像雪天。

　　大的茧子像鸭蛋，小的茧子像汤圆，

　　去年采得廿分半，今年采得廿四分。

　　雪白茧子斗来舂，丝车排到大门边，

　　东边好像鹦哥叫，西边好像凤凰鸣。

　　缫丝娘娘好手段，敲落丝车就开船，

　　粗丝要往杭州送，细丝要往湖州载。

　　银子卖了几百两，眉开眼笑回家转，

　　今年蚕花收成好，全靠马鸣王送龙蚕。

　　（讲唱者：吕祖良［皮影艺人］，采录整理：徐春雷，选自《桐乡
蚕歌》）

## （三）蚕桑谚语

　　蚕桑谚语跟其他谚语一样，它是蚕农在从事蚕桑生产过程中所获知识和经验的总结。桐乡是全国知名的蚕乡。这里民间流传的蚕桑谚语，内容十分丰富。

　　蚕桑生产的时令性很强，受四季气候的影响，一些生产环节往往跟季节有着密切的关系。这些在蚕桑谚语中均有体现。如："腊月种桑，好比梦里搬床。"这则种桑谚语，告诉人们种桑最好选择在冬季。因为冬季气温较低，桑苗的树液停止流动，处于休眠或半休眠状态。这时移植栽种桑树，好比"梦里搬床"，不会对它的生长产生不良影响。又如："谷雨两边蚕。""谷雨三朝掸花蚕。""二月清明叶等蚕，三月清明蚕等叶。"这些养蚕谚语，告诉人们养蚕（指春蚕）一般在谷雨前后开始较好。因为谷雨是清明后面的一个节气，时至谷雨，气温开始渐暖，桑条上已经长出一片片嫩叶，可供刚孵化出来的小蚕宝宝食用，故旧时往往在谷雨前后（两边）收蚁养蚕。但季节轮换有时也有迟早。如每年的清明节，有时在农历二月，有时在农历三月。若清明在二月，说明这一年节气提早了，因而桑叶抽芽就早。故蚕农就总结出"二月清明叶等蚕"的经验。若清明在三月，那就是"蚕等叶"了。这些经验对选择何时开始养蚕至关重要。

　　栽种桑树需要施肥。但施什么肥、什么时候施很有讲究。如"桑地上羊肥，桑树胀破皮。""千浇万浇，不及光拳头桑地上一浇。"这两则谚语告诉我们，桑地最好施用羊肥。羊肥（俗称羊垃圾）最易被桑树吸收。而施肥的时间，最好放在桑枝尚未从"光拳头"（桑树干端）长出的时候。因为此刻施下的肥正可满足树干长枝的需求。

养蚕过程中如何掌握温度和起眠时间很有讲究。如"小蚕靠火养，大蚕靠风长。"这则谚语告诉我们，养小蚕时要保持一定的温度，如果温度达不到要求，就要生炭火盆加温。而到养大蚕时，自然气温升高了，蚕儿群体密度也增大了，这时就要注意通风，加快空气流通。又如"三日三夜拨头眠，两日两夜拨二眠，楝树开花捉出火（三眠），梓树开花捉大眠（四眠）。"这些谚语提醒人们要掌握好蚕宝宝一生中四次休眠的大致时间，因为这对蚕儿的生长发育至关重要。这些谚语，都是蚕农实践经验的总结。

蚕桑谚语不仅内容丰富，艺术性也很强。它简洁、通俗、形象、生动，有着感人的魅力。如："老桑发一发，小桑种一百。""立夏三朝雾，老叶换豆腐。""蚕熟一昼时，麦熟一场尿（读sī）。""蓬头赤脚养季蚕，光头滑面吃一年。"这些蚕桑谚语，采用通俗形象的比喻，说明了一个深刻的道理，显得干净利落，生动有趣。

### [叁]蚕乡民间艺术

前面所说的蚕桑传说、蚕桑歌谣、蚕桑谚语，均属于民间文学范畴。有关蚕桑丝绸的这些民间文学，跟包括含山轧蚕花在内的各种蚕乡民俗活动，均有千丝万缕的联系。而蚕乡所流传的一些民间艺术，诸如蚕神绘画、蚕猫剪纸、蚕品堆塑、蚕语组字等，更承载着多姿多彩的蚕俗功能。

**1、蚕神绘画**。蚕神信仰是含山轧蚕花民俗活动的中心支柱，也是蚕乡各类蚕俗的核心。在桐乡凡是有关蚕桑生产、蚕农生活等各种蚕俗活动，均少不了拜请蚕神。为此，桐乡农村，差不多家家备有蚕神画像，这便是蚕神绘画。这种蚕神画像，并非单独成像，而是附绘在一块神牌之内。这块神牌是由六块高32厘米，宽12厘米的画板组接而成，俗称"六神牌"。每块画板上分别画有百姓所信仰的各路神仙。其中有一块画板上，画有马鸣王、蚕王天子和三姑夫人等蚕神的画像。画上的马鸣王头戴凤冠，身穿红袍，双手捧着蚕茧，身旁还立有一匹白马。白马右边站着三姑夫人，她头束发髻，身披绿衫，手捧蚕茧。在马鸣王和三姑夫人上面就是蚕王天子。这蚕王天子的衣着跟其他神仙差不多，但其长相有些特别。他有三只眼睛（其中一只竖长在额前），六只手。这六只手分别拿着不同的东西：上面两只分别举着"日"和"月"；中间两只分别拿着丝与绢；下面两只捧着一堆蚕茧。蚕农在春节、清明等节日期间，以及在收蚁、出火、上山等养蚕关键时刻，均要准备酒菜、糕点，供上"六神牌"，拜请各方蚕神，祈求蚕神保佑蚕花丰收。

这种蚕神绘画，早在清末民初就有流传。起初为民间画师手工绘制，后来改为木板刻印。这种来自民间的绘画，线条粗犷、色彩鲜

蚕神画（余仁提供）

艳，具有民间年画特点。如今用手工绘制和木板刻印的蚕神绘画已经不多了，大多为彩绘机印。机印蚕神画已经失去了民间绘画的本色，但蚕农们还是离不开它，因为它承载着人们的一种信仰。

**2、蚕猫剪纸。** 在含山轧蚕花、芝村龙蚕会、双庙渚蚕花水会以及乌镇香市等各种蚕花庙会上，蚕农们除了祭拜蚕神、请蚕花之外，还要买回一些用红纸剪成的蚕猫剪纸。这些剪纸上的蚕猫，虽然构图简单，但形态灵动，栩栩如生。正如一首蚕歌中所唱："蚕猫图，蚕猫图，图上蚕猫似老虎。两只眼睛铜铃大，目光闪闪凶相露。耳朵笃起像布梭，前后左右八方顾。根根胡须似银针，铜牙铁齿赛钢锉。四只脚爪能上树，尾巴翘起金鞭竖。白脚花猫三村过，老鼠见了直哆嗦。买回一张蚕猫图，蚕花茂盛全家福。"

蚕农们请（买）回蚕猫剪纸后，有的贴在蚕房内，有的贴在蚕匾里，用以镇鼠。因为老鼠要吃蚕宝宝。蚕农认为，从庙会上请（买）回来的蚕猫（剪纸），具有蚕神赋予的灵性，用它来镇鼠效果最好，定能保佑蚕茧丰收。

除蚕猫剪纸之外，还有一种"蚕花廿四分"剪纸，也是贴在蚕房里的。这种剪纸的构图很特别。下面是一只元宝，内藏一朵蚕花。元宝上面堆有24颗蚕茧，蚕茧上端由"廿四分"三字组成一束花。整幅构图寓意"蚕花廿四分"。

**3、蚕品堆塑。**所谓蚕品堆塑，就是蚕农在过时过节或祭请蚕神时所做的象征性塑品。这种塑品大多用米粉制成，人称粉塑。桐乡农村每年过春节的时候，有打年糕的习俗。人们将磨细的糯米粉（掺入少量粳米粉），用蒸桶蒸熟，放在石臼（打米工具）内锤打。待粉团打得坚韧润滑时取出，放在门板上压扁。一部分切制成一块块年糕。一部分则用手捏做成元宝形、蚕茧形、丝绞形等蚕品，过年请神及祭拜马鸣王时，可以作为供品。祈求蚕神保佑养蚕能取得好收成，蚕茧和土丝能卖出好价钱，元宝不断滚进来。也有农家过清明节时，在用米粉做清明团子的时候，制作一些象征蚕茧、丝绞的粉塑蚕品，以便供祭蚕神。

还有一些是泥塑的蚕品。旧时，含山轧蚕花等庙会上，除了卖蚕花和卖蚕猫剪纸之外，还有卖泥塑蚕猫的。泥塑蚕猫呈坐蹲型，高约15厘米。两耳竖起，双眼圆瞪，猫鼻高隆，胡须四射，身上绘有花纹，形象栩栩

蚕猫剪纸（余仁提供）

如生。蚕农往往将请（买）来的泥塑蚕猫放在蚕室内，用以镇鼠。

**4、蚕语组字。**前面曾经讲过，蚕乡流传着不少禁忌习俗。其中有一禁就是禁忌讲污秽之语，即在养蚕期间禁止讲不吉利的话语。但却提倡讲吉利话语。因为禁忌习俗的核心是抑制不祥。而吉利话语则是张扬吉祥。故蚕农比较喜欢诸如"蚕花茂盛"、"蚕花廿四分"、"蚕丝绵长"等寓意吉祥的蚕语。蚕农不仅喜欢听这些吉利蚕语，有时还请人将这些蚕语写在纸上，贴在蚕室墙上或蚕匾内。于是就出现了由几个字组合成的蚕语组字。在河山就有蚕农将"蚕花廿四分"组成一个字用毛笔写在蚕匾上。这种组字，结构紧密，笔画洒脱，既是一幅书法，也像一张组字画，可算是一种特殊的民间艺术。

# 含山轧蚕花习俗的现状与保护

随着科学养蚕技术的普及，以蚕神信仰为基础的轧蚕花民俗近年正在逐渐衰落，这一杭嘉湖蚕桑产区的独特品牌亟待保护和传承。

烧头香

背蚕种包

请蚕花拜蚕神

画蚕花符

# 含山轧蚕花习俗的现状与保护

## [壹]濒危状况及原因

含山轧蚕花是以蚕神信仰为中心的民俗活动。其相关民俗文化跟蚕神信仰紧密联系在一起。随着时代的发展、科学的普及、社会的转型，以及民间信仰等民俗文化土壤的逐渐消解，作为以蚕神信仰为支撑的轧蚕花民俗活动，受到了很大的冲击，面临淡出和消失的危险，亟须采取积极的保护与传承措施。

有着悠久历史的清明含山轧蚕花民俗活动，曾经闻名杭嘉湖水乡，成为桐乡、吴兴、德清等蚕桑之乡蚕农们追求信仰、娱乐身心的乡村狂欢节。据含山附近村上的老人们回忆，含山轧蚕花民俗活动，一直比较兴旺。抗日战争爆发之后，由于日寇侵占含山，山上寺庙被毁，树木被砍，山下百姓遭难，这一民俗活动才被迫中断。抗战胜利以后，轧蚕花民俗活动得到恢复，直至新中国建立之后延续未断。但自1968年起，这一民俗活动被视为"四旧"横遭禁止。"文革"结束之后，群众又自发恢复了这一传统民俗活动。1990年以来，当地政府在上级有关部门的支持下，将含山作为一个旅游景点进行开发，投入了大量资金，修复了一些老的胜迹（如始建于宋代元祐年间的含山古塔），也建设了不少新的景点（如蚕花亭、凤楼亭、半路亭等）。并于1994年清明节期间，以含山轧蚕花传统习俗为号召，举办了首届蚕桑文化节，吸引了数以万计的蚕农前来参加。

但是，随着现代化、信息化、城镇化进程的加快，一些传统民俗文化赖以滋生的土壤正在逐渐消减，其发展和传承的某些条件也在慢慢失去。这就使得像含山轧蚕花这样的民俗文化活动面临消失的危险。近几年来，每年清明节期间，上含山轧蚕花的民众虽然还算闹猛，但时间短了，只在正清明这一天，第二天就冷清下来。内容少了，各种商业活动增多，文化活动，特别是传统民俗文化活动很少。游客变了，上山游览的大多为本乡民众，外地游客不多。2011年清明节那天，笔者带着儿孙重游含山，这是改革开放之后第4次上含山。据我所见，游人比以前减少近一半。我在山下遇到一位石淙来卖蚕花的老太太沈新蛾（75岁）。她告诉我说，现在来含山轧蚕花的人比过去少多了，前几年清明节这一天，她要卖出200多束蚕花，今年清明节恐怕100束也卖不了。

导致含山轧蚕花民俗活动冷清的原因固然很多，但笔者认为主

要有四个方面。

1、时代的进步，科学的发展，特别是科学养蚕技术的普及，使得以蚕神信仰为支柱的轧蚕花民俗活动失去了心理寄托的基础。

过去蚕农清明节游含山轧蚕花，一方面固然是为了利用蚕忙季节到来之前的闲暇，娱乐一下身心。但另一方面主要还是为了到山上马鸣殿前祭拜一下，祈求蚕神马鸣王保佑蚕花廿四分。如今社会进步了，科学普及了，蚕农们大多掌握了科学养蚕的技术，人们不再相信所谓的蚕神能保佑蚕宝宝无疾无病，从而实现蚕花丰收。祈求蚕神保佑的信仰动摇了，参与这一活动的热情也就自然降低了。现在清明节上含山轧蚕花的蚕农，有些人虽然也到马鸣殿前燃烛点香，叩首礼拜；虽然也要买一束蚕花戴在头上或拿在手上，但其心理诉求已发生变化。往往是随俗大于祈神，好奇大于信奉。有些民众特别是年轻人，大多是"在乡随俗"，跟着大家乘机轧轧闹猛罢了。

2、随着现代化迅猛发展，社会不断变革，组织民俗文化活动的传统社会结构发生了变化，致使这种活动流传的条件大大削弱。过去含山轧蚕花的一些传统民俗活动，如拜香会、拳术表演、摇快船、高杆表演等，大多以村落为单位集体组织参加，其成员大多为村里的青壮年。如今，现代化发展了，城市在无限地扩大，村坊在无奈地缩小，聚族而居的传统村落逐渐瓦解。不少农户迁居乡镇或县城，大批青壮年进厂打工或外出经商，剩下的多为老人和妇女。还有多少村坊能组织这样的民俗活动呢？比如摇快船表演，过去只要村上有威望的长者一声号令，村上青壮年无不踊跃报名参加。如今，不要说缺人参加，就连木制的农船（摇快船的必需工具）也找不到了，摇船的木橹也无人会做了。

3、民俗文化活动的知情人和传承人正日益减少。有些活动即使想搞也搞不起来。随着时间的推移，有关含山轧蚕花的知情人不是年老就是亡故，民俗文化的传承后继乏人。设想，新中国建立前见过或参与过轧蚕花民俗活动的人，如果当时为20多岁的小青年，那么如今至少也已80多岁，这样的老人已经很少了。以贴近含山的河山王家弄村为例，目前该村85岁以上的老人约有二三十人，而曾经参与过这一民俗文化活动的人，更是寥寥无几。比如1946年山下村轧蚕花拜香会的领头人冯时金，已于2003年过逝，他用鼻子吹横笛的传统技艺也未能传承下来。

4、传统民俗文化的单一性和保守性，难以引起当代民众特别是年轻人的兴趣，使其失去了传承的受众。缺乏受众的文化，要想继续传承那是非常困难的。如今电视、录像、互联网十分普及，迎合年

轻人的各种搞笑娱乐节目比比皆是，加上宣传教育的缺失，又有多少人愿意去观看形式简单、动作少变的民俗舞蹈，去赏听旋律单调、内容陈旧的民间歌谣呢？

### [贰]保护与传承

含山轧蚕花民俗活动，是流传于浙北杭嘉湖蚕桑重点产区的蚕俗盛会，也是浙江省独特的文化品牌。其历史之久远，内容之独特，规模之盛大，为全国之罕见。这一民俗活动2006年已被列入国家级非物质文化遗产保护名录。轧蚕花民俗活动的中心地点含山，虽然今归湖州市南浔镇管辖，但参与这一民俗活动的广大民众，主要来自含山周边的桐乡、南浔、德清等地。不管含山的行政管辖权属于谁，作为国家的一项非物质文化遗产，有关地区及部门都应该担负起保护和传承的责任。笔者认为，在"政府为主，社会参与"的原则下，在已经采取了一些保护措施的基础上，是否可以做好以下几方面工作，进一步加强保护与传承的力度。

1、继续深入开展含山轧蚕花民俗文化的普查，在普查的基础上，运用各种手段（文字、录像、录音、实物），将这一民俗文化活动的内容，全面、真实地记录下来，并进行整理、研究、存档、出版，做到资料全保，成果共享。之前，相关地区及部门，虽然已经做过一些调查研究，也积累了不少资料。但是，各地所掌握的资料还不够全面。比如有关含山轧蚕花民俗活动的起始时间，到目前为止，尚未查到确切可证的文献资料。鉴于这一民俗活动的牵涉范围跨越多个行政区域，普查可以采取"共同规划、统一内容、分头实施、共享成果"的方法进行。各地根据规划的内容分头进行普查，普查所得资料由各地自主保存。但可以通过适当形式，组织相互交流、共同研讨，从而达到"保护共担、成果共享"的目的。

2、加强对传承群体的培植和对传承个体的保护，从而确保这一民俗文化的不断延续。含山轧蚕花民俗活动，实际上是一种以蚕神信仰为中心，以祭神兴蚕为驱动力的庙会活动。这种庙会跟其他地方的庙会有所不同。它的一个重要特点，就是其主要民俗活动大多依靠村落群体参与来实施。比如高杆表演，主要来自桐乡洲泉地区的夜明斗村，不少高杆表演高手均出自那里。又如过去河山山下村参与轧蚕花拜香会的队伍，就是由该村数百名青壮年组建而成。队伍中间，既有举旗的旗牌队，也有伴奏的锣鼓队和丝竹队，还有跳舞的拜香凳队等等。这些队伍都是以村坊为基础组建而成的。如今，由于城市化的推进，行政区划的多变，聚族而居的村落正在瓦解，乡间农户争相迁入城镇，青壮年纷纷进厂打工，留守的只有妇女儿童

以及那些风烛残年的老人。原有参与民俗活动的群体基础已经不复存在。在村落变革的新形势下，若要有效保护这些民俗文化，唯有培植新的传承群体。鉴于村上的青壮年大多进入当地的乡镇企业，可以考虑在这些本土乡镇企业中，建立民俗文化新的传承基地。采取以师教徒的方法，培训民俗文化传承群体。还可在当地中小学中建立民俗文化传承基地，培养民俗文化后备力量。这样，既可以使民俗文化后继有人，又可以丰富乡企文化和校园文化的内涵。

群体是由个体构成的，归根结底，还是要加强对民俗文化个体传承人、特别是有一技之长的传承人的保护。首先要在生活上给予照顾，使其能专心于传承工作。其次要帮助他们总结经验，不断改进传承方法，并为其传承工作创造良好的条件，使有关知识和技艺能得到有效保护与传承。

3、通过建立民俗文化生态区的办法进行长期保护。鉴于含山轧蚕花民俗文化活动牵涉到两区（嘉兴和湖州）、三地（桐乡、南浔、德清）区域，同时，在过去历次规模比较大的活动中，各地所参与的节目，内容均各有特色（如桐乡的高杆表演、南浔的拳术表演、德清的扫蚕花地等）。据此，可以考虑在含山周边两区三地中划定一个范围，命名为"轧蚕花民俗村"，并以此村为基础，统一规划，分别保护，扶持特色，集中展示，共享成果，努力建成一个非物质文化遗产与蚕农生产生活协调发展的蚕桑民俗文化生态区，以达到长期保护传承的目的。当然，这种跨区域民俗文化生态区的建立，必须由省里统一领导并加以协调，否则只能是纸上谈兵。

# 后 记

含山轧蚕花民俗活动，是流传于浙江北部杭嘉湖蚕桑重点产区的蚕俗盛会，是最具浙江地方特色的一种民间习俗。它历史悠久，内容独特，影响深广，具有较高的社会价值和文化价值，2006年已被列入国家级非物质文化遗产保护名录。

含山轧蚕花民俗活动，虽然地点落脚在三地（桐乡市、南浔区、德清县）交界的含山，但其各项活动的内容，均跟桐乡（当然也含其他两地）境内各种传统蚕桑习俗密切相关。故本书除重点撰写当地民众参与含山轧蚕花各项民俗活动的情况之外，也结合介绍了桐乡其他地区有关蚕桑丝绸的传说及习俗，以便读者广泛深入地了解这一民俗文化的形成基础。

据明万历三十六年（1611年）《崇德县志》和清光绪五年（1879年）《石门县志》记载，明清两朝含山均属嘉兴府的崇德县（今属桐乡）管辖，大约在新中国建立后才划入湖州地区的吴兴县。不管含山属谁管辖，历来参与含山轧蚕花民俗活动的基本民众，大多来自含山周边的桐乡、吴兴（今为南浔区）和德清三地。大家均有责任守护这份国家级的非物质文化遗产。为了更好地保护传承这一传统民俗文化，我们在省文化厅的安排和桐乡市文广新局及文化馆领导的支持下，根据自己长期深入民间采集和积累的素材，同时参考湖州地区有关资料，撰成此书。书稿最后请浙江大学人文学院教授、浙江省非物质文化遗产保护专家委员会委员吕洪年老师审读。他在逐字逐句地看完全稿之后，写了一段简短的评语，其中有句："文献、考古口碑三种资料有机结合，并互参与证，纵横捭阖，翔实到位，是为丛书范儿。"这无疑是对编著者的一种勉励。谨在此表示深切谢意。由于时间短促，所集资料不全，加上作者水平有限，书中若有不当之处，敬请专家及读者不吝指教。

编著者

2011年8月于桐乡

责任编辑：方　妍
特约编辑：张德强
装帧设计：任惠安
责任校对：程翠华
责任印制：朱圣学

装帧顾问：张　望

**图书在版编目（ＣＩＰ）数据**

含山轧蚕花 / 吴利民，张琳主编；祝汉明，徐春雷，褚
红斌编著. — 杭州：浙江摄影出版社，2014.1（2023.1重印）
（浙江省非物质文化遗产代表作丛书 / 金兴盛主编）
ISBN 978-7-5514-0516-4

Ⅰ. ①含… Ⅱ. ①吴… ②张… ③祝… ④徐… ⑤褚… Ⅲ.
①风俗习惯—介绍—含山县 Ⅳ. ①K892.455.4

中国版本图书馆CIP数据核字（2013）第281410号

**含山轧蚕花**

**吴利民　张琳　主编　祝汉明　徐春雷　褚红斌　编著**

全国百佳图书出版单位
浙江摄影出版社出版发行
　　　　地址：杭州市体育场路347号
　　　　邮编：310006
　　　　网址：www.photo.zjcb.com
经销：全国新华书店
制版：浙江新华图文制作有限公司
印刷：廊坊市印艺阁数字科技有限公司
开本：960mm×1270mm　　1/32
印张：5.5
2014年1月第1版　　2023年1月第2次印刷
ISBN 978-7-5514-0516-4
定价：44.00元